ulmer

AF636378

Heidi Lorey

GEMÜSE INS BLUMENBEET!

Kreativ gärtnern mit Dahlie, Artischocke & Co.

Das lesen Sie in diesem Buch

Immer adrett: Mangold mit roten Blattstielen.

Hübsche Gemüseblüten 82

Dekorative Früchte und Samen 118

Blumige Partner fürs Gemüse 150

Service 184

Gemüse **zurück in die Gärten!**

Die meisten Hausgärten sind reine Ziergärten mit Rasenflächen, einjährigen Blumen, Stauden und Sträuchern, Gemüsegärten sind verschwunden. Viele Gartenbesitzer haben schlechte Erinnerungen – an verunkrautete Beete, verlauste Kohlpflanzen und viel Arbeit.

Als Argument höre ich oft, unser Garten ist zu klein für ein zusätzliches Gemüsebeet. Dabei könnten wir mit dem eigenen Anbau von Gemüse gesunde Lebensmittel ernten und essen. Der regionalste Anbau kommt aus dem eigenen Garten. Die Tomate wird nicht über Tausende Kilometer herantransportiert, so retten wir auch ein bisschen den Planeten.

Meist unterteilen wir unsere Gärten und sprechen vom Ziergarten, Obstgarten, Kräutergarten und Nutzgarten. In den Beeten sollen nur bestimmte Pflanzen wachsen. Um einen zumindest teilweise essbaren Garten zu planen, müssen Sie Ihre vorhandene Garteneinteilung gar nicht über den Haufen werfen. Gemüse kann überall wachsen. Integrieren Sie die Gemüsepflanzen in die Blumenrabatte oder vor die Sträucher, wo eh nur braune Erde war.

Was ist was? Kombination aus Sommerblumen, Grünkohl und Gräsern im Kombigarten.

Gemüsepflanzen müssen nicht für sich in einem Extrabeet stehen. Betrachten Sie Gemüse eher als Zusatz. Das eröffnet auch jemandem, der noch nie Essbares angepflanzt hat, einen neuen Zugang zum Gemüseanbau. Die meisten Gemüse werden wie einjährige Sommerblumen kultiviert. Wenn sie Ihnen nach einem Versuchsanbau nicht gefallen, sind sie sowieso „gegessen“.

Gemüse bringt mehr Vielfalt in die Gärten

Viele Gärtner sind versierte Kultivateure der seltensten Stauden und Blumen, aber an Gemüseanbau trauen sie sich nicht heran. Alle Pflanzen haben die gleichen Ansprüche an Wachstumsbedingungen, sie benötigen den passenden Boden, Wasser, Nährstoffe, Licht und Wärme. Die standortgerechte Auswahl gilt für alle Pflanzen, sonst haben wir nicht viel Freude an ihnen. Ob die Taglilie eine Zierpflanze ist (aber essbare Blüten hat), der Kopfsalat in der Küche landet (erstklassige Blattschmuckpflanze), wissen die Pflanzen nicht, die Einteilung in die Kategorien „Zierde“ und „Nutzen“ macht der Gärtner. Viele Pflanzen haben mehr als nur einen Nutzen. Zwischen Zierpflanze, Kräuter und Gemüse gibt es einen fließenden Übergang. Nützliches und Schönes wachsen Blatt an Blüte. Hauptsache, die beiden, egal ob essbar oder nicht, haben die gleichen Boden- und Standortbedürfnisse.

Der Kombigarten

Die Amerikaner nennen diese Art, mit essbaren Pflanzen zu gärtnern, „foodscaping“. Ein Begriff aus landscaping, Gartengestaltung, und farming, also Gemüseanbau. Es gibt sogar Gartenplaner, die sich darauf spezialisiert haben, Gärten mit vielen essbaren Pflanzen zu entwerfen. Solche Gärten sind mit allen Sinnen zu erleben, sehen, riechen, fühlen und schmecken.

Ein Salat wie eine Rosenblüte.

Ich nenne diese Art zu gärtnern, in dem man viele essbare Pflanzen in den Garten mit einplant, den „Kombigarten“ . Hier dürfen alle Pflanzen kombiniert werden – Hauptsache, die Standortbedingungen stimmen.

Gemüse salonfähig

Die Formen- und Farbenvielfalt der Gemüsepflanzen ist nicht mehr bekannt. Gemüsepflanzen außerhalb der Gefriertruhe eines Supermarktes existieren aus der Sicht des Verbrauchers nicht. Sie erscheinen nicht im öffentlichen Grün, werden nicht in Parks gepflanzt, nicht einmal in den botanischen Gärten gezeigt.

Dabei ist Gemüse „Superfood“, weil es superschön aussieht. Sie haben mit ihren großartigen Blättern, besonderen Blütenfarben und -formen und üppigen Früchten ihre eigene Ästhetik. Ich zeige Ihnen Gemüsepflanzen von ihrer schönsten Seite, mit Blattschmuck, Blütenschmuck, attraktiven Früchten und Samenständen. Wir haben nur einen Garten, gestalten wir ihn schön und essbar!

Ihre Heidi Lorey

Gemüse als Gestaltungselement

Nur hereinspaziert! Entdecken Sie die Ästhetik der Gemüsepflanzen! Pflanzen Sie Mangold zu den Dahlien und Erbsen gemeinsam mit Wicken an ein Rankgerüst. Hier finden Sie jede Menge Ideen für Pflanzenkombinationen und Dekorationselemente.

Inspiration: **Küchengarten De Boschhoeve**

Im Küchengarten De Boschhoeve liefern sich Dahlien, Sommerblumen, Kräuter und Gemüse einen Wettstreit mit ihren Blütenfarben und Blattformen. Lange habe ich nach einem Vorbild für das Miteinander von Blumen und Gemüse in einem Garten gesucht. Als ich den Ziergemüsegarten in De Boschhoeve betrat, wusste ich, das ist es!

Hinter der Hecke

Gartenfläche gibt es genügend um den landwirtschaftlichen Betrieb in Wolfheze bei Arnheim in den Niederlanden, breite Staudenbeete und kurz geschnittene Rasenflächen. Erst wenn Sie durch den blauen Torbogen schreiten, der sich in der Mitte der Hainbuchenhecke befindet, entdecken Sie den Küchengarten. Hinter der Pforte öffnet sich eine Wunderwelt aus Farben und Strukturen. Man muss jeden Weg abgehen und sich jedes Beet gesondert anschauen, so viele Details gibt es zu entdecken.

Wege aus recycelten Waschbetonplatten und Ziegelsteinen unterteilen den Garten. Die

Dahlien, Rosenkohl und Tagetes eng vereint, schön und lecker sieht dieses Bild im Küchengarten aus.

Hauptwege sind 90 cm, die Nebenwege 60 cm breit angelegt. Sie teilen die Gartenfläche von 20 × 40 m in vier große quadratische Bereiche auf, die jeweils wieder in vier kleinere Beete unterteilt sind. Umgeben sind sie von je zwei Rechteckbeeten.

Mit Ziergurken oder dicken Kalebassen-Kürbissen berankte Gerüste aus Moniereisen oder Weide stoppen den Blick. Sie sind das Rückgrat des Gartens und bilden mit in Form geschnittenen immergrünen Gehölzen wie Eiben und einigen Buchsbäumen bleibende Strukturen im Winter. Die Beetränder sind mit Lavendel, Heiligenkraut oder Schnittknoblauch als niedrige Einfassungen bepflanzt. Alle Pflanzen werden vor allem nach ihren Blatt- und Blütenfarben ausgewählt. Gemüse, Kräuter, Blumen und Früchte sollen farblich harmonieren.

Gemüse in Bestform

Die Idee zur Anlage eines dekorativen Küchengartens brachte Dineke Logtenberg von einer Englandreise mit. Warum sollte Gemüse für sich stehen, in Gärten hinter dem Haus versteckt werden? Für Dineke haben Gemüsepflanzen eine eigene Ästhetik. Als die Kinder ihre große Spielwiese nicht mehr benutzten, plante sie ihren dekorativen Küchengarten. Insgesamt hat der Küchengarten 24 Beete, genügend für einen Fruchtwechselplan. Die ehemalige Lehrerin hat die Kombination von Blütenfarben und Blattformen über Jahre zur Perfektion gebracht. Für die jährliche Pflanzplanung nimmt sie sich Zeit, die Sorten werden sorgfältig ausgewählt. Bewährte Kombinationen wie Grünkohlpflanzen mit Tagetes als Bodendecker tauchen jedes Jahr wieder im Pflanzschema auf.

Dineke liebt Farben, sie plant die Beete auf der rechten Gartenseite immer mit warmen Tönen in Gelb, Orange, Rot und Bronze. In den Beeten der linken Gartenseite stehen Pflanzen in den kühlen Farbtönen Weiß, Rosa, Lila und Blau. Während man bei Dahlien, Salbei oder Basilikum mit magentafarbigen oder lila Blüten noch eine große Auswahl hat, finden sich Gemüse mit lila Blättern eher selten. Aber bei Rotkohl, rotblättrigem Grünkohl, den Artischocken mit silbergrauen Blättern und lila Blütenköpfen wird Dineke fündig. Die Suche und die Kultur der besonderen Sorten machen für sie den Reiz des dekorativen Küchengartens aus.

Die Gartenbesitzerin Dineke Logtenberg hat sich hier ihren Traum vom dekorativen Küchengarten erfüllt. „Wir ernten nicht viel Gemüse“, sagt sie, „das meiste lassen wir stehen, damit es schön aussieht und blüht“. Viele der Kräuter nutzt sie in der Küche, Blüten vom Dill werden in Blumensträuße gebunden. Das schönste Kompliment der Besucher sei, wenn sie mitten im Küchengarten stehen und fragen: „Und wo finde ich jetzt das Gemüse?“

Dineke liebt die Kombination von Dahlien und Gemüsepflanzen. Sie schätzt die ausdauernden Blüher, hier die schwarzrote Sorte 'Black Jack'.

Der Plan: **Beete anlegen**

Es muss nicht immer Bauerngarten-Style sein, mit vier Beeten, einem Wegekreuz in der Mitte und einer niedrigen Hecke aus Buchsbaum als Einfassung, um mit Gemüse kreativ zu gärtnern. Wichtiger ist, sich den vorhandenen Garten mit seiner Bepflanzung anzuschauen.

Standortgerecht für alle

Wenn Sie gerade mit dem Gärtnern beginnen und den Garten am Haus neu anlegen, können Sie auf eine weiße Leinwand malen. Wenn es einen eingewachsenen Garten gibt, bilden die Stauden- und Sträucherbeete das Korsett für die neuen Gemüsepflanzen. Für das Gärtnern mit Gemüse und Blumen werfe ich alle Regeln, wie Reihenkultur in Beeten, nur sonnige Standorte oder Gemüse bleiben unter sich, über Bord.

Wie für andere Pflanzen auch ist für das Gedeihen aller Gemüsepflanzen wichtig, welche Standortbedingungen vor Ort vorliegen. Dazu gehören der Gartenboden sowie die Feuchtigkeits- und Lichtverhältnisse. Passend zum Standort ausgewählte Pflanzen, ob Blütenstaude oder Gemüsepflanze, werden sich

Zwischen den Beeten mit Stauden gibt es Beete mit Gemüse. Die Stauden treiben früh aus, so sieht der Garten im Frühjahr nicht so kahl aus.

im Garten wohl fühlen und wenig Pflege benötigen. Pflanzen, denen der Boden und das Kleinklima nicht zusagen, werden immer gehätschelt werden müssen, das verursacht Arbeit. Wird der Garten neu angelegt, lassen Sie sich Zeit und beobachten Sie, wie der Sonnenschein über den Garten wandert. Dem Schatten großer Bäume weicht man aus, da macht sich eine Bepflanzung mit schattenliebenden Stauden besser.

Meist ist der Garten schon fertig und Sie möchten etwas Gemüse dazunehmen. Wenn Sie noch nicht wissen, ob Ihnen das Gemüse im Beet gefällt, pflanzen Sie einzelne attraktive Gemüse zwischen Ihre Stauden und Sträucher, ohne dass diese weichen müssen. Beginnen Sie mit der Umgestaltung eines Beetes. So sammeln Sie erste Erfahrungen mit der Kombination von Blumen und Gemüsepflanzen. Ein weiteres Beet kann im nächsten Jahr folgen, so lässt sich der Arbeitsaufwand besser einschätzen. Wollen Sie eine Rasenfläche in ein Beet umwandeln, tragen Sie die Grasnarbe vorher ab.

Gehen Sie mit einem Maßband durch den Garten und notieren Sie sich Längen und Breiten der vorhandenen Beete. Machen Sie zwei, drei und mehr Entwürfe auf Papier, mit formalen Beeten oder mit organischen, fließenden Formen. Am Ende kommen meist Ideen aus den verschiedenen Plänen zu einem neuen Masterplan zusammen.

Diagonal gepflanzt statt in gerader Reihe – schon ergibt sich ein neues, dynamisches Bild vom Beet.

Formal oder verspielt

Die Anzahl von mindestens vier Beeten, ob quadratisch oder rechteckig, erleichtert die Rotation für den Fruchtwechsel zwischen Stark-, Mittel- und Schwachzehrern. Die Größe eines quadratischen Beetes zwischen 2 bis 2,5 m Seitenlänge hat sich bewährt. In der Mitte kreuzen sich die Wege, dies können Sie mit einem Rankgerüst oder großen Kübelpflanzen als Blickfang betonen. Rechteckige Beete mit einer Breite bis 2 m lassen sich von einer Seite her bearbeiten, ohne dass Sie in die Beete treten müssen. Breitere Beete sollten Sie von beiden Seiten bearbeiten können. Beete in verschiedenen Längen und Breiten lassen sich gut kombinieren, auch über Eck.

Eine Einfassung mit einfachen Brettern als „erhöhte Beete" wirkt wie ein Bilderrahmen, betont die Beetfläche und hebt sie aus dem Grund hervor. Die Kantenhöhe braucht nur 15 bis 30 cm zu betragen. Wer auf nährstoffarmen Böden zu Hause ist, kann in diese Beetrahmen nährstoffreichen Mutterboden einfüllen. Die Bretterkante ersetzt eine grüne Einfassung. Sie wirkt formaler, nimmt aber auch weniger Platz weg.

Wenn ein Beet mitten in eine Rasenfläche platziert wird, wählt man oft eine Kreisform. Große runde Beete werden durch Wege erschlossen. Dadurch unterteilt sich der Kreis in vier oder mehr kuchenstückförmige Flächen. Auch Beete in fließenden, organischen Formen sind möglich, vor allem, wenn in alten Gärten die Flächeneinteilung schon vorhanden ist.

Wege: Verkehrsadern im Garten

Es gibt Gärten, die ganz ohne befestigte Wege auskommen. Die Flächen, die keine Beete sind, werden meist mit Rasen eingesät. Die Rasenflächen umrahmen die Blumenbeete und werden als begehbare Flächen genutzt.

Ein Gartenweg aus alten Waschbetonplatten kombiniert mit Klinkersteinen – schon sieht der Weg aus wie neu.

Gliedernde Wege

Den Rasen müssen Sie ständig durch Spatenstiche davon abhalten, in die Beete zu wachsen, oder ihm eine Kante geben. Optisch bietet er eine ruhige Fläche, in der bunte Beete gut zur Geltung kommen. Auf Rasen geht es sich wunderbar weich, nur bei oft begangenen Flächen zeichnen sich die Laufspuren mit der Zeit im Rasen ab. In kleinen Gärten scheinen Wege Platzverschwendung zu sein. In großen Gärten werden die Entfernungen größer und Sie müssen Erde oder Kompost über größere Strecken mit der Schubkarre befördern. Für den Materialtransport sind feste Wege nützlich. Statt Rasenflächen geben Wege dem Kombigarten seinen formalen Rahmen.

Feste Vorgaben für einen Wegeplan sind schwierig, denn jedes Grundstück hat einen anderen Zuschnitt. Machen Sie es wie die Fürsten: Schreiten Sie zu Ihren Lieblingspunkten und fragen sich, welche Stellen im Garten müssen Sie erreichen, wohin gehen Sie häufig? Danach ergibt sich der Verlauf der Wege. Vom Haus oder der Terrasse ausgehende Wege sind das verbindende Element zwischen Haus und Garten sowie anderen Orten wie dem

Gartenschuppen und dem Sitzplatz im hinteren Teil des Grundstückes.

Hauptzugangswege sollten eine Breite von 90 bis 120 cm haben, es sind die Autobahnen im Garten für den Materialtransport. Auch bei nassem Wetter sollten Sie Ihren Garten trockenen Fußes betreten können. Die Nebenwege um einzelne Beete können Sie mit 60 bis 80 cm Breite schmaler ausführen. Diese dienen vor allem dazu, die Beete zu bearbeiten.

Natürlich oder befestigt

Wege können aus unterschiedlichem Material gebaut werden. Das Material sollte zum Stil des Gartens und des Hauses passen. Für einen naturnah gestalteten Garten bietet sich ein Wegebelag aus Holzhäcksel oder grober Nadelbaumrinde an. Das organische Material passt zum Charakter eines naturnah gestalteten Gartens. Mit der Zeit wird das Material durch Mikroorganismen und Pilze zersetzt und nach 2 bis 3 Jahren müssen Sie neues Häckselgut nachschütten.

Wege mit Kies- und Splittbelag sehen edel aus. Aber Laub und Erde, die auf den Weg fallen, lassen sich nicht so einfach abharken und können den Belag verschmutzen. Feste Wege aus Waschbetonplatten, Ziegelsteinen oder Natursteinpflaster lassen sich mit dem Besen abfegen und reinigen. Willkommen ist auch Altmaterial, das wieder verwendet wird, und Material-Mix aus verschiedenen Steinmaterialien und -maßen. Daraus entstehen abwechslungsreich gestaltete Wege, was lange Linien auflockert. Alle Wege sollten einen professionellen Unterbau aus Sand und Schotter erhalten, damit man die Steine gut verlegen kann. Eine Schotterschicht sorgt auch unter dem Rindenweg für eine gute Drainage, damit Regenwasser zügig versickert und der Weg nicht verschlammt.

Gartenwege sind das ganze Jahr über sichtbar, aber besonders tritt ihre Struktur im Winter hervor. Ohne überbordendes Pflanzenwachstum wird ihre gliedernde Funktion noch stärker sichtbar. Sie sind etwas Festes und Beständiges. Wege fassen die Beete ein wie Rahmen ein Bild, sie bringen Ruhe und Ordnung in die Fülle.

Auf Wegen aus Rindenmulch geht es sich sehr weich. Mulch und Holzhäcksel müssen Sie nach 2 Jahren nachfüllen.

Grenzen und **Einfassungen**

Einfassungen umranden den Garten und machen ihn zu dem, was er ist, einem umhegten Raum. Sie geben dem Garten Schutz und Geborgenheit. Sie sind willkommene Gestaltungselemente und bieten den perfekten Hintergrund für einen Kombigarten.

Zäune, Mauern, Hecken

Mit Abgrenzungen in den unterschiedlichsten Höhen, aus unterschiedlichen Materialien, kommen wichtige vertikale Elemente in den Garten. Feste Mauern, Zäune und Hecken dienen nicht nur der Abgrenzung des Gartens von der Außenwelt. Sie teilen auch große Flächen innerhalb des Gartens in kleinere Räume auf. Ihre Höhe kann zwischen 50 cm und 2 bis 4 m liegen, je nach gewünschter Abgrenzung. Niedrige Einfassungen umsäumen die einzelnen Beete. Ihre Höhe überschreitet 20 bis 50 cm meist nicht.

Feste Mauern und Zäune sind nützliche Standorte für Kletterpflanzen und Spalierobst. Mit einem Durchgangsbogen oder als offene Pergola kommen zusätzliche Gestaltungselemente in den Garten. Sie dürfen von Kletterpflanzen und Spalierobst erobert werden. Grundstücke in der Stadt und in Siedlungsstraßen sind meist klein und schmal, häufig Handtuch-lang. Links und rechts grenzt schon

Die Wand des Schuppens dient als Hintergrund für das Pfirsichspalier.

das Nachbargrundstück, manchmal als Garagenwand oder Hausmauer. Machen Sie aus der Not eine Tugend und nutzen Sie diese Begrenzung positiv. So ist der Rahmen für Ihr Gartenzimmer schon vorgegeben.

Eine Wand aus Ziegelsteinen wird zu einer dekorativen Kulisse für Feuerbohnen oder Duftwicken. Nach Absprache mit dem Nachbarn lassen sich die Wände für das Anbringen von Rankgerüsten nutzen und verschwinden hinter einem blühenden Vorhang. Zumindest vor eine Wand dürfen Sie eine Pergola aufstellen. So können Pflanzentriebe oder -wurzeln die Mauern nicht beschädigen. Mauern bieten ein besonderes Kleinklima, sie speichern die Wärme und geben sie langsam über Nacht wieder ab. Sie halten den Wind ab, der oft stark aus einer Richtung bläst, was Pflanzen gar nicht mögen. Wenn Sie eine Mauer neu errichten, achten Sie auf die Richtung des Schattenwurfes in den Garten.

Holz aus Tradition

Traditionell wurden ländliche Gärten mit Holzzäunen eingefasst. Jede Region hatte ihre eigene Zaunausführung, so der Jägerzaun oder

FESTE EINFASSUNGEN

Zäune und Mauern sind schmale Bauelemente, sie nehmen den Pflanzen nicht viel Platz weg, sind im Wurzelbereich keine Konkurrenz und pflegeleicht. Tore und Türen können Sie als besondere Einladung in den Garten gestalten. Holz fügt sich als natürliches Material gut in den Garten ein.

Mit der Holzauflage wird die niedrige Mauer zur Abgrenzung und zur Sitzbank.

der Friesenzaun. Sie halten früher wie heute ungebetene Besucher fern, zweibeinige wie vierbeinige. Rehe und Kaninchen sind Feinschmecker und haben es nur auf die zartesten Knospen abgesehen. Im Siedlungsbereich patrouillieren eher die Katzen aus der Nachbarschaft durch fremde Gärten. Ein Zaun aus dünnen Latten grenzt zwar ab, ermöglicht aber gleichzeitig Durchblicke im Unterschied zu einer soliden Mauer. Recht offen sind Bohlenzäune aus langen geschnittenen, sägerauen Holzbrettern, die waagrecht an den Pfosten angebracht werden. Sie kommen oft als Einfriedung von größeren Flächen im ländlichen Raum vor.

Staketenzäune mit den unterschiedlichsten Lattenformen und -höhen trifft man häufiger an Einfamilienhäusern an. Als Holz dienen oft Lärche und Douglasie. Staketenzäune aus gespaltenem Kastanienholz sind beliebt und haltbar. Aus Flechtwerk lassen sich filigrane Einfassungen gestalten. Wer handwerklich versiert ist, kann niedrige Flechteinfassung selbst anfertigen. Haselruten als Geflecht halten einige Jahre länger als verarbeitete Weidenruten. Das Material fällt beim Strauchschnitt im eigenen Garten an und kann gleich wieder im Garten verbaut werden.

Lebende Wände

Für eine Hecke als lebende Grenze muss man mehr Platz einkalkulieren. Je nach gewünschter Endhöhe von 1,50 bis 2 m wird sie entsprechend breit an ihrer Basis. Die Wurzeln reichen links und rechts noch weiter ins Erdreich, konkurrieren mit benachbarten Pflanzen um Wasser und Nährstoffe. Mir sind die grünen Wände trotzdem lieber als tote Mauern.

Für Gemüsepflanzen, bunte Blumen und Sträucher bieten sie die perfekte grüne Leinwand als Hintergrund. Sie fungieren als Windbrecher, grünes Gestaltungselement, zeigen schöne Blüten und Früchte. Sie bieten Lebensraum für Vögel, Kleintiere und Insekten. Die Tiere sind willkommene Helfer im Garten zur Regulierung der fiesen Mitesser wie Raupen und Läuse. Regelmäßig bauen Amseln bei uns

Staketen aus gespleißtem Kastanienholz eignen sich für halbhohe Zäune.

Als Formhecke geschnittener Liguster. Je nach Sorte eignet er sich für Hecken zwischen 50 und 150 cm Höhe.

ihre Nester in der Hainbuchenhecke. Ein Pärchen Heckenbraunellen fühlt sich in der Ligusterhecke wohl.

Geschnittene Formhecken sind der Klassiker als Einfassung des Kombigartens. Frisch geschnitten verleihen sie dem Garten mit ihren geraden Kanten ein sehr formales, architektonisches Aussehen. Mit einem Wellen- oder Wolkenschnitt erscheint eine Hecke weniger streng, die Linien verlaufen eher organisch. Damit die Hecken dicht wachsen, werden sie zweimal im Jahr geschnitten. Der erste Schnitt erfolgt im Sommer etwa ab Mitte Juni, ein zweiter Korrekturschnitt im Herbst. Schneiden Sie den Neutrieb immer um mindestens die Hälfte zurück, damit sich die Hecke verzweigt und dicht wächst. Heute braucht man sich nicht mehr mit Handheckenscheren abzumühen, mit Akkugeräten oder Benzinmotor geht der Schnitt gründlich und schnell von der Hand.

Hecken aus Eiben oder Buchsbaum behalten auch im Winter als Immergrüne ihre Nadeln und Blätter. Sie bleiben als grüner Rahmen auch in der kalten Jahreszeit erhalten. Die Immergrüne Heckenkirsche (*Lonicera nitida*) mit ihren glänzend grünen Blättern wächst eher breit als hoch und eignet sich für Hecken bis 1 m Höhe. Liguster, Hainbuche und Rot-Buche verlieren im Herbst mehr oder weniger das Laub. Die Gartengrenze wird wieder durchlässiger für Wind und Blicke von außen. Die Rot-Buche hält ihre getrockneten braunen Blätter am längsten. Sie treibt von diesen dreien aber auch als letzte im April aus, wenn der Liguster schon wieder grün steht.

Da uns eine Heckenpflanzung über Jahrzehnte begleitet, nehmen Sie sich Zeit für die Auswahl der passenden Pflanzen. Die Auswahl schränkt sich ein durch die Gegebenheiten des Bodens vor Ort, dem Klima und was einem gefällt. Lassen Sie sich in regionalen Baumschulen beraten. Die beste Pflanzzeit für wurzelnackte Heckengehölze liegt zwischen November und März.

GEEIGNETE HECKENPFLANZEN

Wählen Sie für eine geschnittene Hecke kleinblättrigen Liguster (*Ligustrum vulgare*), Hainbuche (*Carpinus betulus*) oder auf lehmigen Böden Rot-Buche (*Fagus sylvatica*) aus. Als Nadelgehölz werden Eibenhecken (*Taxus baccata*) sehr alt. Die Sorten des Kirschlorbeers (*Prunus laurocerasus*) mit ihrer groben Verzweigung und großen Blättern eignen sich wenig für Heckenpflanzungen. Der Strauch aus der Mittelmeerregion wird zudem in manchen Jahren vom Spätfrost erwischt und der junge Austrieb erfriert.

Blühende Beetränder

Lebendige, wachsende Einfassungen wirken organischer als eine gerade Kante. Wenn es am Beetrand gleich mit Pflanzen losgeht, lässt es den Kombigarten üppig und dekorativ erscheinen.

Der Frauenmantel als mehrjährige Staude, die auch im Winter einige Blätter behält, befestigt die Erde am Beetrand.

Fassung fürs Beet

Die Pflanzen für den Beetrand erfüllen die gleiche Aufgabe, wie eine bauliche Lösung aus Stein, Holz oder Metall. Sie halten mit ihren Wurzeln die Erde fest und geben dem Beet einen Rahmen. Als Einfassung eignen sich Pflanzen, die nicht wuchern, kompakt und buschig wachsen. Mehrjährige Stauden oder Gehölze sollten sich durch einen Rückschnitt in Form bringen lassen. Sie sollten nur 20 bis 100 cm hoch werden, um die Pflanzen im Beet nicht zu verdecken oder zu viel zu beschatten. Einen zusätzlichen Platzbedarf von etwa 50 cm in der Breite sollten Sie einkalkulieren.
Die Einfassungspflanzen pflanzen Sie parallel zum Beetrand. Entweder wählen Sie pro Beet eine Art für die Einfassung aus oder pflanzen für jede Seite eine andere Art. Da haben Sie viel Auswahl, je nach Gestaltungswunsch mit Blatt- und Blütenfarben. Schnelle Beeteinfassungen gelingen mit einjährigen Pflanzen wie Pflücksalat, Rucola oder Zitronentagetes. Ist die Gartenplanung noch nicht ganz fertig, bieten Sie für ein Jahr eine Einfassung, die Sie im nächsten Jahr durch die endgültige mehrjährige Bepflanzung mit Lavendel oder Gamander ersetzen.

Blühend und duftend

Die lebenden Einfassungen verändern sich im Laufe der Jahreszeit. Schnittlauch, Schnittknob-

Pflanzen als blühende Einfassung

PFLANZE	WUCHSTYP	STANDORT	HÖHE	BLATT-/BLÜTENFARBE
Pflücksalat	einjährig	sonnig bis halbschattig	20–30 cm	grün, rötlich
Zitronentagetes	einjährig	sonnig	20–30 cm	gelb, orange, rostrot
Schnittlauch	mehrjährig	sonnig bis halbschattig	20–40 cm	grün/weiß, lila
Schnittknoblauch	mehrjährig	sonnig	20–40 cm	grün/weiß
Berglauch	mehrjährig	sonnig bis halbschattig	20–30 cm	grün/lila-rosa
Lavendel	mehrjährig	sonnig	30–60 cm	grau/blau-lila
Heiligenkraut	mehrjährig	sonnig	30–50 cm	grau/gelb
Currykraut	mehrjährig	sonnig	30–50 cm	grau/gelb
Echter Gamander	mehrjährig	sonnig	25–30 cm	glänzend grün, lila-rosa
Zierlicher Frauenmantel	mehrjährig	sonnig bis halbschattig	15–30 cm	grün/gelbgrün
Walderdbeere	mehrjährig	sonnig bis halbschattig	15–25 cm	grün/weiß, rote Früchte
Step-over-Spalier Birne	mehrjährig	sonnig	80–100 cm	grün/weiß, Früchte grün/gelb

lauch und Berglauch treiben ab April mit ihren Blättern aus und der Beetrand erstrahlt in frischem Grün. Erst später im Sommer blühen die Allium-Gewächse und die Einfassung verändert sich in ein rosa oder weißes Blütenband.

Lavendel, Heiligenkraut und Currykraut bringen Duft in den Kombigarten. Die grauen Eminenzen bleiben als Immergrüne auch über Winter als Einfassung präsent. Fruchtig wird es mit Erdbeeren – wählen Sie Walderdbeeren, sie machen keine Ausläufer. Etwas höher wächst eine Einfassung aus Spalierobst. Birnen eignen sich besonders für diese Art von Formschnitt. Die waagrecht gezogenen Äste sind so niedrig, dass man darüber steigen kann, daher auch der Name „Step-over-Spalier".

Den Klassiker Buchsbaum, speziell die schwach wachsende Sorte *Buxus sempervirens 'Suffruticosa'*, empfehle ich nicht mehr. Er leidet in feuchten Sommern unter dem Blattpilz *Cylindrocladium buxicola* und lässt dann alle Blätter fallen. In den warmen Jahren machte sich der Buchsbaumzünsler breit. Buchsbaum durchwurzelt den Boden intensiv und ist im Kombigarten eine zu starke Konkurrenz. Zudem freuen sich die Schnecken über einen feucht bleibenden Zufluchtsort. Wie die Tabelle zeigt, gibt es ausreichend Alternativen.

Birnen lassen sich einfach zu einem Step-over-Spalier erziehen. Ernten können Sie hier auf den Knien.

Highlights: Tore, Bänke, Pergolen

Rosenbögen und Kletterobelisken verschönern als Dekoelemente jeden Ziergarten. Doch sie gehören auch in Gärten mit Gemüsepflanzen. Die schmucken Beete werden durch geschmackvoll ausgewählte Objekte in ihrer Wirkung unterstützt und von Bohnenranken erobert.

Schmuck fürs Gärtchen

Ein Tor ist die Visitenkarte des Kombigartens. Eine Pforte aus Holzlatten oder kunstvoll geschmiedet aus Metall heißt den Gast willkommen. Durch ein schönes Tor wird der Zugang zum Garten unwiderstehlich. Sie können es auch mit einem oder mehreren Bögen ergänzen, die rankende Pflanzen in die Höhe geleiten.

Im essbaren Ziergarten wird nicht nur gearbeitet. Sie sollen ihn auch mit seiner Fülle genießen und in Ruhe betrachten. Dafür reicht ein einzelner mobiler Stuhl, den Sie je nach Laune an einen anderen blühenden Aussichtspunkt versetzen, oder eine Bank, die Sie am Ende eines Weges platzieren. Ein mit Wein umrankter Bogen könnte ihr ein grünes Dach

Der berankte Bogen betont den Gartenzugang durch die blaue Pforte.

geben. Modern ist der Selbstbau einer Bank aus Paletten.

Erbsen und Stangenbohnen benötigen für ihre Triebe ein Rankgerüst. Bei Erbsen reichen zusammengesteckte Birken- oder Haselnusszweige, hohe Sorten bis 1,80 m freuen sich auch über ein schönes Rankgerüst. Stangenbohnen fordern eine stabilere Rankhilfe von etwa 3 m Höhe. Das können die guten alten Fichten-Bohnenstangen sein oder nach eigenem Muster zusammengeschweißte Metallgestelle. In Rostoptik passt das Rostbraun gut in die Gartenlandschaft. Metallgerüste oder Baustahlmatten halten für Jahrzehnte, während Holz mit seinem natürlichen Charme nach Jahren spröde wird und erneuert werden muss. Sie können je nach Zweck auch beides

Mit Rankgerüsten lässt sich Höhe im Garten gestalten.

In einem Garten sollte es mehr als einen Sitzplatz geben.

Drachenflügel-Begonien blühen den ganzen Sommer über üppig.

im Garten kombinieren. Die vertikalen, aufstrebenden Elemente schaffen in dem sonst eher flachen und überschaubaren Garten ein romantisches Plätzchen. Sie müssen ihre Dienste tun für die Pflanzen, dürfen aber auch für sich dekorativ aussehen.

Kübelpflanzen betonen markante Punkte im Garten oder füllen freie Flächen. Sie können die Kübel sowohl mit Sommerblumen als auch mit Gemüsepflanzen bepflanzen. Durch den großen Kübel wird die einzelne Pflanze darin besonders hervorgehoben. Im Sommer dürfen Sie nicht vergessen, die Kübel regelmäßig zu gießen.

Gartentische aus Metall sind ein weiterer Hingucker. Auf ihnen können Sie saisonalen Gartenschmuck dekorieren. Das macht mit Produkten aus dem Garten doppelt Spaß. Dekoelemente wie Rhabarber-Bleichtöpfe, Schutzhauben aus Glas oder fantasievoll gestaltete Wildbienenbehausungen bereichern den Garten. Die tönernen Bleichtöpfe sehen auch noch gut aus, wenn der Rhabarber längst herausgewachsen ist.

Auf wetterfesten Gartentischen lassen sich kleine Töpfe und Gestecke arrangieren.

Der Rhabarber ist über seinen Treibtopf hinausgewachsen.

Pflanzpläne, die gelingen

Kombigarten mit Rosen und Salat

Eigentlich ist das Beet seit Jahren bepflanzt, aber zwischen den Stauden sind Lücken entstanden. Die „Rückwand" wird von einer Hainbuchenhecke gebildet. Davor stehen eine Felsenbirne und zwei Strauchrosen. Die Lücken zwischen den Stauden sind wie dafür gemacht, um übers Jahr Salate anzupflanzen. Nutzen Sie gekaufte Jungpflanzen, die gleich ausgepflanzt werden können. Wählen Sie Sorten mit unterschiedlicher Blattfarbe und Blattform. Ab September folgen Endivien, Pak Choi und Radicchio. Als verbindendes Element werden Kosmeen (nicht eingezeichnet) breit ausgesät, ihre rosa Blüten schweben über dem Beet. Echter Gamander als Immergrüner bildet eine niedrige blühende Beeteinfassung.

Man nehme (für 4 × 2 m):

- 1 **Hainbuchenhecke (*Carpinus betulus*)**
- 2 **Strauchrose (*Rosa*), 2 ×**
- 3 **Kupfer-Felsenbirne (*Amelanchier lamarckii*), 1 ×**
- 4 **Staudenfenchel grün (*Foeniculum vulgare*), 3 ×**
- 5a **Kissenaster (*Aster dumosus*), 3 ×**
- 5b **Raublattaster (*Aster novae-angliae*), 2 ×**
- 6 **Sommersalbei (*Salvia nemorosa*), 6 ×**
- 7 **Prachtkerze (*Gaura lindheimeri*), 4 ×**
- 8 **Purpurglöckchen (*Heuchera micrantha*), 9 ×**
- 9 **Flammenblume (*Phlox paniculata*), 3 ×**
- 10 **Salate:**
  - **Kopfsalate, z. B. 'Vier Jahreszeiten', 'Smile'**
  - **Eichblattsalat 'Hussarde'**
  - **Pflücksalat 'Amerikanischer Brauner'**
  - **gefolgt von Endivien, Radicchio und Pak Choi**
- 11 **Gamander (*Teucrium × lucidrys*) als Beeteinfassung, 25 ×**

„Tafelsilber" an der Terrasse

In einem sonnigen Beet bilden die Stauden wie Lavendel, Katzenminze, Salbei und Fetthenne den ruhenden Pol. Meerkohl und Winterheckenzwiebel sind ebenfalls mehrjährig. Artischocken begleiten sie als graue Eminenzen. Bänder aus Lauch und Knollenfenchel unterteilen das Beet. Der Neuseeländer Spinat dient als Bodendecker. Eingefasst wird das Beet von Berglauch und Wollziest.

Man nehme (für 3 × 1,5 m):

1 **Woll-Ziest (*Stachys byzantina*), 18 ×**
2 **Berglauch (*Allium senescens*), 12 ×**
3 **Artischocke (*Cynara cardunculus*), 3 ×**
4 **Meerkohl (*Crambe maritima*), 3 ×**
5 **Winterheckenzwiebel (*Allium fistulosum*), 3 ×**
6 **Lavendel (*Lavandula angustifolia*) 'Munstead', 3 ×**
7 **Salbei 'Purpurascens' (*Salvia officinalis*), 3 ×**
8 **Katzenminze 'Dropmore' (*Nepeta* x *faassenii*), 3 ×**
9 **Fetthenne 'Matrona' (*Sedum-Telephium*-Hybr.), 3 ×**
10 **Porree (*Allium porrum*), gepflanzt**
11 **Knollenfenchel (*Foeniculum vulgare*), gepflanzt**
12 **Neuseeländer Spinat (*Tetragonia tetragonioides*) als Bodendecker, Aussaat (nicht eingezeichnet)**

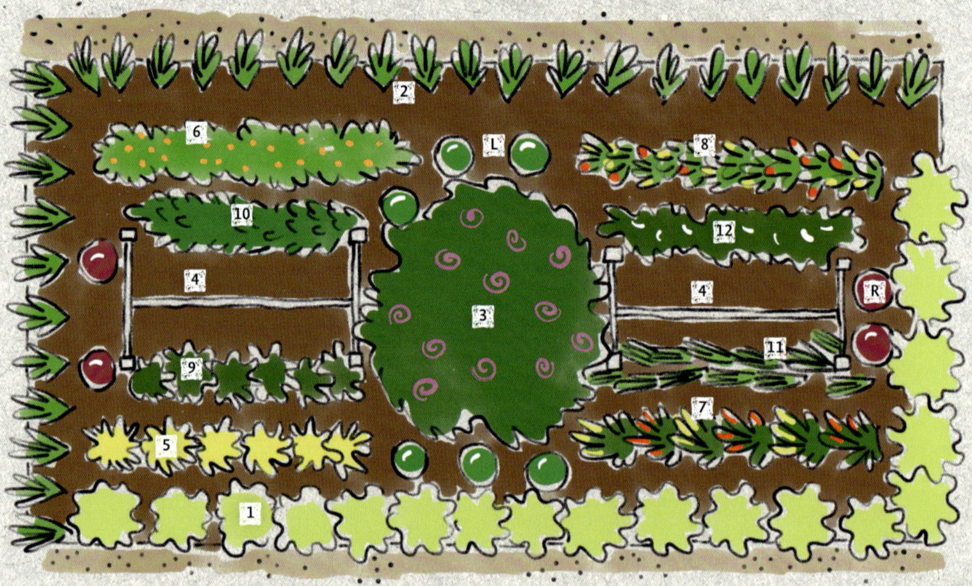

Gemüse & Blumen am Wegesrand

Das lange, schmale Beet (3 × 1,5 m) wird von zwei Wegen gesäumt. Frauenmantel und Schnittknoblauch bilden die Einfassungen. In der Mitte geben zwei Spaliere dem Beet Höhe. Hier ranken Erbsen an einem, Duftwicken am anderen Spalier. Platz wäre hier auch für Wein. Dazwischen blüht eine Strauchrose. Es bleibt Platz für vier Pflanzreihen, für Gemüse und Sommerblumen. In jeweils 1 m langen Reihen können Kartoffeln, Möhren, Buschbohnen und Porree wachsen. Kohlpflanzen 'Redbor' und 'Lerchenzungen' geben Höhepunkte für Herbst und Winter. Ein Blütenfeuerwerk entsteht durch Zitronentagetes, Ringelblumen, Löwenmäulchen und Zinnien.

Man nehme (für 3 × 1,5 m):

- **1 Zierlicher Frauenmantel (*Alchemilla epipsila*), 18 ×**
- **2 Schnittknoblauch (*Allium tuberosum*), 30 ×**
- **3 Strauchrose (*Rosa*), 1 ×**
- **4 Spalier, 1 × 2 m, für Erbsen, Duftwicken oder Wein als Dauerkultur**
- **5 Zitronentagetes (*Tagetes tenuifolia*), 6 ×**
- **6 Ringelblumen (*Calendula officinalis*), Aussaat**
- **7 Löwenmäulchen (*Antirrhinum majus*), 6 ×**
- **8 Zinnien (*Zinnia elegans*), 12 ×**
- **9 Kartoffeln (*Solanum tuberosum*), 6 ×**
- **10 Möhren (*Daucus carota*), Aussaat**
- **11 Porree (*Allium porrum*, vorher Salat), 12 ×**
- **12 Buschbohnen (*Phaseolus vulgaris*, vorher Salat), Aussaat**
- **R Grünkohl 'Redbor' (*Brassica oleracea* var. *sabellica*), 4 ×**
- **L Grünkohl 'Lerchenzungen' (*Brassica oleracea* var. *Sabellica*), 6 ×**

Sitzplatz im Kombibeet

Eine Beetinsel inmitten einer Rasenfläche wird zum Blickpunkt. Mehrjährige Stauden bilden das Gerüst des Gartens, damit das Beet im Frühling und Herbst nicht leer bleibt. Der geschwungene 80 cm breite Weg teilt das Beet mit 4,5 m Durchmesser. Ein Rankgerüst aus Moniereisen überdacht einen schattigen Sitzplatz für zwei. Es wird wahlweise von Feuerbohnen oder kleinfruchtigen Kürbissen berankt. Rundherum gesellen sich Stauden, dazu werden bunte essbare Gemüse gepflanzt. Und wenn sie nicht gegessen wird, bildet Kapuzinerkresse den Bodendecker.

Man nehme (für Ø 4,5 m):

1 **Schnittlauch weißblühend (*Allium schoenoprasum*), 'Elbe', Einfassung, 16 ×**
2 **Wollziest (*Stachys byzantina*), Einfassung, 16 ×**
3 **Rankgerüst für Feuerbohnen und/oder Kürbis (*Phaseolus coccineus*)**
4 **Dahlien, rot, orange, gelb (*Dahlia*-Hybriden), 5 ×**
5 **Staudenfenchel 'Rubrum' (*Foeniculum vulgare*), 4 ×**
6 **Rosenkohl (*Brassica oleracea* var. *Gemmifera*), 3 ×**
7 **Kapuzinerkresse (*Tropaeolum majus*), Aussaat (nicht eingezeichnet)**
8 **Blattsenf 'Red Giant' (*Brassica juncea*), 16 ×**
9 **hohe Tagetes 'Burning Embers' (*Tagetes patula*) (nicht eingezeichnet)**
10 **Rhabarber rotstielig, 'Holsteiner Blut' (*Rheum rhabarbarum*), 2 ×**
11 **Taglilien (*Hemerocallis-Hybr.*), 4 ×**
12 **Mangold, rote Stiele, 'Feurio' (*Beta vulgaris* ssp. *vulgaris*), 12 ×**
13 **Zuckermais (*Zea mays*)**
14 **Sonnenblumen (*Helianthus annuus*)**
15 **Tomaten (*Solanum lycopersicum*), 5**
16 **Sonnenbraut 'Indianersommer' (*Helenium*-Hybr.), 3 ×**

Pflege für schmuckes Aussehen

Gemüsepflanzen, Stauden und Sommerblumen unterscheiden sich nicht in ihren Kulturbedingungen. Partner im Beet sollen die gleichen Standortansprüche haben. Wenn Sie mit Blumen gärtnern, klappt auch der Anbau von Gemüse.

Bodenfruchtbarkeit erhalten

Der Boden ist die Seele des Gartens. Egal wie Sie gärtnern, die Erhaltung der Bodenfruchtbarkeit ist erste Gärtnerpflicht. Ein fruchtbarer Boden ernährt die Pflanzen und sie können gut gedeihen.

Lässt der Gartenboden sich nicht zu einer Kugel formen, enthält er mehr Sand als Lehm.

Mein Gartenboden

Vor dem Start des Gärtnerns sollten Sie wissen, auf welchem Boden Sie eigentlich gärtnern. Der Boden ist unser gärtnerisches Zuhause, er lässt sich nicht so einfach auswechseln. Ein fruchtbarer Boden weist eine intakte Bodenstruktur auf, die einerseits Regenwasser hält, andererseits zu viel Wasser abfließen lässt. Es braucht keine große Wissenschaft, um seinen Boden kennenzulernen, nur zwei Hände. Mit der altbewährten Fingerprobe lässt sich der Boden gut einordnen: Nehmen Sie eine Handvoll feuchten Boden in die Hand. Kneten Sie die Erde, versuchen Sie, eine Kugel zu formen. Lässt sich der Boden formen und kneten, ist das ein Beleg für den Gehalt an lehmigen und tonigen Mineralien. Wenn der Boden sich nicht formen lässt, sondern durch die Finger rieselt, die Körner an den Fingern reiben, handelt es sich um einen eher sandigen Boden.

Zwischen diesen beiden Böden gibt es alle Übergänge. Aber der Gehalt an Sand, Ton oder Lehm bestimmt wichtige Bodeneigenschaften wie die Fähigkeit, Wasser zu speichern oder sich zu erwärmen. Sie sind wichtig für das Pflanzenwachstum. Mit der standortgerechten

Auswahl der Pflanzen lässt sich nachhaltig und arbeitssparend gärtnern. Ganz pingelig sind unsere Pflanzen, bis auf einige Spezialisten, nicht, sie haben meist eine Spanne an Boden- und Wachstumsbedingungen, bei denen sie gedeihen. Bei den Pflanzenporträts finden Sie bei „kurz & bündig" drei Bodenarten angegeben und können sehen, wenn eine Pflanzenart spezielle Wachstumsbedingungen benötigt.

Wer es genau wissen möchte, lässt eine Bodenanalyse machen. Viele Gemeinden bieten diese und eine Düngeberatung im Herbst zu günstigen Konditionen an. Es reicht, wenn Sie alle 3 bis 5 Jahre eine Bodenanalyse durchführen lassen.

Humoser Sand, Lehm- und Tonboden – mit den Fingern spürt man den Unterschied in der Körnung.

Der Kompostplatz

Ein Kompostplatz gehört in jeden noch so kleinen Garten. Er ist das Herzstück der Kreislaufwirtschaft und produziert Pflanzenfutter sowie Dauerhumus. In jedem Gartenbereich, ob Ziergarten, Rasen oder Gemüsegarten fällt Grünschnitt an, mit dem der Kompost gefüttert werden kann. Der Rückschnitt der Stauden und Gehölze und der Putzabfall von der Gemüseernte werden durch die Arbeit von Bodentieren wieder zu Erde, Dauerhumus und Mineralien umgesetzt.

Der Kompostkasten wird in einer schattigen Gartenecke errichtet, gut erreichbar, aber etwas verborgen, denn schön sehen die Haufen meist nicht aus. Die Kleinstlebewesen im Kompost benötigen für ihre Umsetzungsarbeit Feuchtigkeit, Luft und Wärme. Egal, ob Sie den Kom-

BODENARTEN UND IHRE EIGENSCHAFTEN

Humoser Sand: nicht formbar, rieselt, Körner reiben spürbar zwischen den Fingern, Regenwasser versickert schnell, Boden trocknet schnell ab, erwärmt sich schnell, enthält und speichert wenig Pflanzennährstoffe
Lehm: lässt sich kneten und formen, zwischen den Fingern weich zu verreiben wie Mehl, braune Böden, ausgewogen in Wasser-, Luft- und Nährstoffhaushalt
Ton: lässt sich nass kneten und formen, trocknet rissig und betonhart, mit Schrumpfrissen, dichte, graue Böden, bleibt lange kühl, enthält und speichert Nährstoffe gut

poster aus Holzbrettern zusammenstecken, einen Gitterkomposter aus Metall wählen oder einen Kunststoffbehälter, Hauptsache er „läuft". Der Behälter wird nach unten offen mit Kontakt zum gewachsenen Boden aufgestellt. Um den Komposter zu starten, bitten Sie den Nachbarn um eine Schaufel Material aus seinem Komposthaufen. Darin sind reichlich Kompostwürmer, Asseln, Pilze und Bakterien vorhanden, um den neuen Haufen zu impfen. Im Handel angebotene „Kompoststarter" sind nicht unbedingt notwendig. Für Gärten bis etwa 500 m^2 reicht ein Komposter mit 1 m^3 Volumen aus. Sie müssen den Haufen nicht unbedingt zweimal im Jahr umschaufeln.

Ein Schredder, der das Pflanzenmaterial zerkleinert, ist hilfreich. Er reduziert das Volumen des Schnittmaterials und vergrößert die Oberflächen, die von den Bodentieren angeknabbert werden können. Im Frühjahr wird der reife Kompost für die Beete benötigt. Das Durchsieben des Kompostmaterials legen Sie sich am besten in den Februar oder März, je nach Frühlingswetter. Ich baue mir dafür eine Konstruktion aus einem Holzbock und einem groben Metallsieb auf. Der Kompost wird Schaufel für Schaufel durch das Sieb geworfen. Was durchfällt, ist fein genug, um auf den Beeten verteilt zu werden. Das grobe Material kommt zurück in den Haufen, es ist im nächsten Jahr fertig.

Den reifen Kompost verteilen Sie auf den Beeten in einer Menge von 3 bis 5 l/m^2 und harken ihn leicht ein. Kompost wirkt wie ein Langzeitdünger, auf den meisten Böden benötigen die Pflanzen keinen oder nur wenig zu-

Die Mitarbeiter im Kompost, Asseln, Bakterien, Pilze und Kompostwürmer, mögen es schattig. Setzen Sie den Komposter am besten unter Bäume.

sätzliche organische oder mineralische Dünger. Ein zu viel an Nährstoffen lässt die Pflanzen „ins Kraut schießen", sie bilden viele Blätter, weniger Blüten, das weiche Pflanzengewebe wird krankheitsanfällig. Für das schmucke Gemüse möchten wir lieber kompakt wachsende, gesunde Pflanzen als superdicke, verlauste Kohlköpfe.

Das Durchsieben und Ausstreuen des Kompostes gehört zu den Gartenarbeiten im Frühjahr.

Decke aus Mulch

Im Frühjahr gibt es zwischen den noch kleinen Pflanzen viel offenen, ungeschützten Boden. Auch wenn Sie das Gemüse ernten, entstehen für einige Zeit freie Stellen in den Beeten. Dort ist der Boden Sonne und Regen schutzlos ausgesetzt. Eine zusätzliche Decke aus organischem Material schützt den Boden. Mulch wirkt wie ein Puffer, gleicht Temperaturextreme aus und verringert die Verdunstung aus dem Boden, der so länger feucht bleibt. Die Abdeckung verhindert, dass ungeliebte Wildkräutersamen keimen. Der einzige Nachteil: Auch Schnecken fühlen sich unter feuchtem Mulch wohl.

Als Mulchschicht können Sie Rasenschnitt oder geschreddertes Pflanzenmaterial einsetzen, das statt auf den Kompost gleich wieder dünn auf den Beeten zwischen den Pflanzen verteilt wird. Wenn nicht genügend Material im Garten anfällt, kann man Stroh oder Rindenkompost als Mulch kaufen. Nadelholzrinde oder Holzhäcksel eignen sich nicht als Mulchmaterial im schmucken Gemüsebeet, sondern als organischer Belag für die Gartenwege.

Gründüngung

Bleiben im Kombigarten nach der Ernte, vor der Pflanzplanung oder im Herbst Beete frei von Bepflanzung, säen Sie Gründüngung ein, damit der Boden bedeckt bleibt. Viele Pflanzen für eine Gründüngung sehen gut aus und blühen noch im Herbst wie Bienenfreund (*Phacelia*), gelber Senf, Buchweizen oder Bockshornklee. Flächige Aussaaten von Spinat, Feldsalat oder Winterpostelein können als essbare Gründüngungspflanzen im Herbst ausgebracht werden. Als grüne, lebende Decke schützen die Pflanzen den Boden, halten Nährstoffe fest und werden nach dem Eingraben selbst wieder zu Pflanzennährstoffen umgesetzt.

Schöner als mit dem Bienenfreund kann Gründüngung nicht blühen. Die bizarren Blüten werden gern von Insekten besucht.

Pflanzenanzucht

Jede Pflanze braucht den richtigen Start. Für manche ist es die direkte Saat ins Beet, andere sind besser versorgt auf der warmen Fensterbank. Bei manchen Pflanzen geht beides gut.

Langlebige Stauden

Bei den mehrjährigen Pflanzen haben Sie es einfach: Sie können sie in der Gärtnerei im Topf kaufen und an der geplanten Stelle in die Erde pflanzen. Danach haben Sie für Jahre Ihre Ruhe. Unter den blumigen Partnern sind es viele Stauden, die den Garten so füllen. Bei den Gemüsepflanzen gibt es leider nur wenige, die wir über mehrere Jahre ernten können, darunter Rhabarber, Spargel, Meerkohl oder Artischocken. Diese Pflanzen sind wichtige Ankerpunkte in den Beeten und erleichtern die Arbeit, da man sich nicht um ihre Neuaussaat kümmern muss. Ihre Pflege beschränkt sich auf die Versorgung mit Kompost und die Teilung, falls ein Exemplar zu groß geworden ist.

Viele Sommerblumen und Gemüse können Sie direkt aus der Samentüte ins Beet aussäen.

Aussäen

Die meisten Sommerblumen und Gemüsepflanzen beginnen ihr Leben als Samenkorn. Mit Saatgut lässt sich schnell und preiswert eine große Anzahl an Pflanzen für den Garten heranziehen. Jedes Jahr lässt sich ein neues Bild kreieren. Das kann ein einzelnes Beet sein oder freie Zonen in alten Beeten. Es muss nicht gleich der ganze Garten neu eingesät werden. Wenn Sie mit dem Samenkorn starten, haben Sie die größte Auswahl an Gemüsesorten und Sommerblumen. Denn für das schmucke Gemüse soll es nicht irgendein Salat sein, sondern der dekorativste, so wie die 'Teufelsohren' mit spitzen rotgrünen Blättern. Wenn die Gemüsearten und Blumensorten ausgewählt sind und ein Beetplan erstellt ist, geht es an die Aussaat. Ab April können Sie je nach Region im Freiland damit starten.

Eine Anleitung für die Aussaat finden Sie auf der Rückseite jeder Samentüte. Den Boden des Beetes sollten Sie vorher harken, sodass die Erde fein krümelig ist. Dann zeichnen Sie die Saatreihen mit einem Gerätestiel an. Eine Pflanzleine hilft, die Reihen schnurgerade auszurichten, wenn Sie das so möchten. Ziehen Sie mit der Kante der Harke oder dem Stielende etwa 3 bis 5 cm tiefe Saatrinnen. Dann verteilen Sie die Samen der jeweiligen Gemüse oder Sommerblumen dünn in der Reihe. Zu Beginn ist es nicht einfach, die feinen Samen dünn auszusäen. Auch Radieschen benötigen 2 bis 3 cm Abstand zwischen den Samenkörnern, sonst drücken sich die Knollen aneinander. Tippen Sie leicht auf die Samentüte und die Körner rollen mit Abstand in die Saatrinne. Führen Sie die Hand mit der Samentüte dicht über dem Boden. Sind genügend Samen gekeimt und stehen zu dicht, nehmen Sie einige dazwischen weg und pflanzen Sie um, an Stellen, wo junge Pflanzen fehlen.

Große Samen wie Erbsen und Bohnen lassen sich einfacher aussäen. Sie werden gerade in lehmigen Böden zu 3 bis 5 Samen als „Dibbelsaat" in eine Kuhle gesät. So bohren sich die Sämlinge gemeinsam durch den dichten Boden. Buschbohnen sind dadurch in der Gruppe standfester, Tagetes bilden dichtere Büsche.

Um bei Sommerblumen eine starke Farbwirkung durch breite Blütenbänder zu erzielen, ziehen Sie zwei bis drei Saatreihen für die gleiche Blumenart nebeneinander oder ziehen Sie mit der Harke eine breite, flache Rinne. Darin bringen Sie die Samen breit gestreut aus. Nach der Aussaat harken Sie die Saatrillen zu und drücken mit dem Harkenrücken an. Dadurch erhalten die Samen eine enge Verbindung zum Boden und können das Bodenwasser aufnehmen. Die Aussaaten nicht angießen, das würde den Boden verschlämmen. Schreiben Sie ein Schild mit dem Namen der ausgesäten Gemüse und Blumen. Sind die Pflanzen gekeimt und die Saatreihen erkennbar, können Sie den Schilderwald entfernen.

WICHTIGE AUSSAATMONATE

April und Mai sind die wichtigsten Monate für die Direktsaat. Die Böden sind noch feucht vom Winterregen und erwärmen sich durch die Frühlingssonne. Gibt es noch kalte Tage, warten Sie lieber mit der Aussaat, die Pflanzen holen bei höheren Temperaturen die Zeit wieder auf. Wenn nach der ersten Ernte Gemüsereihen frei werden, säen Sie möglichst schnell eine Folgekultur aus, um den Platz zu nutzen und das Bild wieder zu füllen. Sollte im Sommer der Boden dafür zu trocken sein, gießen Sie vor der neuen Aussaat die Reihen durchdringend und lockern den Boden.

Mit Vorkultur

Einige Gemüse und Sommerblumen benötigen für die Keimphase höhere Temperaturen, die wir ihnen im Freien im April nicht bieten können. Um Zeit zu sparen, säen wir sie an einem warmen Platz im Haus auf der Fensterbank oder im Gewächshaus aus. Diese Pflanzen werden erst ausgepflanzt, wenn die Frostgefahr je nach Region Mitte bis Ende Mai vorbei ist. Zur Keimung liegt der Wärmebedarf um die 20 °C, für Auberginen oder Chilis sogar höher bei 22 bis 25 °C. Die Anzucht im Haus erfolgt in zwei Schritten. Für die Aussaat füllen Sie Schalen mit feinkrümeliger, nährstoffarmer Aussaaterde. Den Samen säen Sie auf der feuchten Oberfläche dünn aus, decken ihn mit etwas Erde ab und drücken mit einem Brettchen an. Die Keimung dauert je nach Pflanzenart zwischen 8 und 14 Tagen.

Wenn sich die Keimblätter entfaltet haben und die ersten echten Blättchen wachsen, stehen die Pflänzchen dicht zusammen und bedrängen sich. Nun müssen Sie sie vereinzeln. Jedes Pflänzchen bekommt seinen eigenen Topf. Dieser kann aus Kunststoff sein, als Multitopfplatte, oder ein Tontopf, der gut klimatisiert. Beliebt sind auch selbstgefertigte Papiertöpfe oder Erdpresstöpfe ganz ohne fremdes Material. Sie bereiten sich die Töpfe vor und füllen sie mit Erde. Diese darf schon etwas mehr Pflanzenfutter enthalten, eine Mischung aus Anzucht- und Kulturerde, die mehr Nährstoffe enthält.

Zum Vereinzeln oder Pikieren, wie es auch genannt wird, heben Sie die Keimlinge von unten mit einem Pikierstab aus der Saatschale, sodass die Wurzeln nicht abreißen, und setzen Sie in den größeren Topf. Die getopften Pflanzen werden mit Wasser angegossen. Die vorgezogenen Pflanzen entwickeln sich zügig zu starken Jungpflanzen mit kompaktem Wurzelballen.

Bevor sie zu den Direktaussaaten ins Beet umziehen können, müssen sie abgehärtet werden. Auch Pflanzen müssen sich erst nach und nach an die Außenbedingungen mit Wind, Sonnen- und UV-Strahlung gewöhnen. Dazu stellen Sie die Pflanzen für einige Stunden ins Freie in den Schatten, in der Sonne würden sie direkt verbrennen. Über Nacht stellen Sie sie

Erst auslegen, dann einpflanzen nach Plan: So können Sie noch Abstände und Gruppierungen korrigieren.

Das Vorziehen der Pflanzen ist arbeitsaufwendig, aber Sie holen sich einen Vorsprung, wenn Sie die Pflanzen Ende Mai ins Freie setzen.

wieder ins Haus. Nach einer Woche sind die Jungpflanzen fit genug, um ins Beet umzuziehen. Vor dem Auspflanzen gießen Sie die Töpfe gründlich, sodass sich die Wurzelballen mit Wasser vollsaugen können. Im Beet graben Sie mit der Pflanzschaufel ein Loch, die Pflanze wird vorsichtig aus ihrem Topf gelöst und so tief wieder eingesetzt, wie sie vorher gestanden hat. Ein Metermaß hilft, die richtigen Pflanzabstände für die kleinen Pflanzen einzuhalten. Die üblichen Pflanzabstände finden Sie bei den Pflanzenporträts bei „kurz & bündig". Nachdem die Bepflanzung des Beetes fertig ist, gießen Sie alle Pflanzen an, damit die lockere Erde zwischen die Wurzeln gespült wird.

Bis Mitte Juni sehen die Beete noch recht offen aus, dann schließen die Reihen und die Bepflanzung wird dichter, das Pflanzbild wird sichtbar, die Blattfarben und Blüten kommen zur Geltung. Die Vorkultur macht mehr Arbeit als die Direktsaat, aber Sie haben gleich größere Pflanzen, um die Beetmuster zu pflanzen. Viele Gärtnereien haben auch Gemüsejungpflanzen und Sommerblumen im Sortiment. Für die ersten Anbauversuche können Sie sich so die aufwendige Anzucht sparen.

Pflanzengesundheit

Vorbeugen ist besser als heilen. Mit Mischkultur und Fruchtfolge wird das Wachstum der Pflanzen gefördert. Kräftige Pflanzen werden seltener von Schädlingen und Krankheiten befallen als schwache.

Mischkultur

Das gemeinsame Wachsen von dekorativem Gemüse, Kräutern und Blumen ergibt automatisch die beste Mischkultur! Bei einer Monokultur als Gegenstück wird nur eine Gemüseart auf einer größeren Fläche angebaut. Das hat vielleicht im gewerblichen Gemüseanbau arbeitstechnische Vorteile, im Hausgarten hat sich die Mischkultur aber in mehreren Aspekten als nützlich erwiesen. Pflanzen unterscheiden sich in ihrem Bedarf an Menge und Art der Nährstoffe, die sie zum Wachsen benötigen. Das mögen nur Nuancen sein, aber wir gärtnern über Jahre auf den gleichen Beeten. Würde immer die gleiche Pflanzenart häufig hintereinander auf dem gleichen Beet wachsen, würden dem Boden einseitig Nährstoffe entzogen. Folgt von Jahr zu Jahr eine andere Pflanze mit etwas anderem Nährstoffbedarf, gleicht sich das aus.

Die Pflanzen unterscheiden sich in der Fähigkeit, den Boden zu durchwurzeln. Salat und

Blühende Tagetes und Amaranth nehmen die Fenchelpflanzen in ihre Mitte. Die müssen die Läuse erst mal finden.

GEMÜSEGRUPPEN FÜR EINEN VIER-BEETE-PLAN

Beet 1: Hülsenfrüchte mit niedrigem Nährstoffbedarf wie Dicke Bohnen, Spargelerbsen, Sojabohnen, Buschbohnen, Stangenbohnen, Feuerbohnen, Duftwicke
Beet 2: Zwiebelgewächse mit niedrigem Nährstoffbedarf wie Berglauch, Porree, Spargel, Schnittlauch, Schnittknoblauch, Winterzwiebel
Beet 3: Kohlgewächse mit hohem Nährstoffbedarf wie Grünkohl, Weißkohl, Rotkohl, Wirsing, Rosenkohl, Pak Choi, Meerkohl, Schlangenradies
Beet 4: Nachtschattengewächse mit mittelhohem Nährstoffbedarf wie Aubergine, Kartoffel, Paprika, Chili, Tomate, Tomatillo

Die Gemüse in den vier Gruppen wandern von Beet zu Beet weiter. Die übrigen Gemüse und Blumen, die nicht mit ihren Pflanzenfamilien aufgeführt sind, können entsprechend ihres Nährstoffbedarfs dazugestellt werden.

Radieschen sind Flachwurzler, ihre Wurzeln nehmen Wasser und Nährstoffe aus den oberen 30 cm Boden auf. Durch Regen in die Tiefe verlagerte Nährstoffe sind für sie nicht mehr erreichbar. Tiefwurzler wie Dicke Bohnen oder Pastinaken erschließen mit ihren Wurzeln den Boden bis in etwa 80 cm Tiefe. Sie erreichen auch hier noch Wasser und Nährstoffe.

Hohe Pflanzen und Bodendecker ergänzen sich ebenfalls auf dem Beet. Die niedrigen Pflanzen beschatten den Boden und er bleibt länger feucht.

Insekten als Schädlinge orientieren sich bei der Suche nach ihrer Wirtspflanze oft an Duftstoffen, die diese abgeben. Wächst der Kohl zwischen stark riechenden Ringelblumen oder Tagetes, ist er viel schwieriger zu finden als in einer Monokultur. Die Blüten der Sommerblumen zwischen den Gemüsepflanzen locken Insekten an, darunter zahlreiche Nützlinge. Sie unterstützen ebenfalls die Reduzierung von schädlichen Insekten.

Die Mischkultur bietet also zahlreiche Vorteile. Pflanzen kommunizieren untereinander durch Botenstoffe, entweder durch die Luft oder über Wurzelausscheidungen. Es gibt Pflanzenkombinationen, die sich gegenseitig fördern, aber auch Paarungen, die sich nicht riechen können. Im Bioanbau wird dies schon seit Jahrzehnten erforscht. Es gibt ausgeklügelte Pläne über gute und schlechte Nachbarn bei den Pflanzen. Zu Beginn reicht es, die Vielfalt der Gemüsepflanzen und Blumen zusammenzubringen und im eigenen Garten zu beobachten.

Fruchtfolge

Der Mischung nicht genug, kommt noch ein Wechselspiel hinzu, die Fruchtfolge. Sie bezieht sich auf die zeitliche Abfolge der Pflanzenkulturen. Pflanzen, die der gleichen botanischen Familie angehören, sollen nur alle 3 bis 5 Jahre auf dem gleichen Beet stehen. Diese Maßnahme beugt vor allem Krankheiten und Schädlingen vor, deren Erreger im Boden überdauern. Ein vierjähriger Wechsel zwischen den Beeten hat sich bewährt, daher wird in vielen Gärten mit vier Beeten oder einer Viererteilung gewirtschaftet. Das bietet sich auch beim schmucken Gemüse an. Die Fruchtfolge stellt eine vorbeugende Maßnahme dar gegen die Schädlinge im Boden. Finden sie mehrere Jahre ihre Lieblings-Futterpflanze nicht, können sie sich nicht vermehren.

Auch wenn der Feind in Form von Läusen in der Überzahl ist, Hilfe in Form von Marienkäferlarven kommt herbei.

Umgang mit Ungeziefer

Die Natur unterscheidet nicht zwischen guten und bösen Lebewesen. Das Wort Schädling hat der Gärtner sich ausgedacht. Er möchte makelloses Gemüse und Blumen ohne Löcher in den Blättern ernten. Für die Pflanzen stellt sich ein bisschen Verlust an Blattfläche meist nicht als lebensbedrohlich dar, die meisten überleben eine Schädlingsbesiedlung. Die Laus wäre auch schön dumm, wenn sie ihren Wirt umbringen würde. Die Pflanze bewirtet die Läuse tatsächlich mit stetig fließenden Säften, dazu muss sie weiterwachsen.

Die Schädlinge und Krankheiten sind eher für uns ein Problem im Garten. Wir übertragen unseren Sauberkeits- und Ordnungssinn aus dem Haus in den Garten. In der halbgezähmten Natur hinterm Gartenzaun sollten wir eher ein Gleichgewicht anstreben, nicht einen Kampf führen mit den scheinbar unbeliebten Besuchern.

Ein aufmerksamer Gärtner bemerkt im Frühjahr die ersten Läuse, die von den Sträuchern zufliegen, auf denen sie überwintert haben. Im warmen, trockenen Frühlingswetter vermehren sich Läuse sehr schnell und bilden dichte Kolonien. Sie besiedeln gerne die frischen, weichen Triebspitzen. Wer mit einem Pinsel oder Wasserschlauch bewaffnet die ersten Kolonien entfernt, verschafft sich lange Ruhe vor einer Massenvermehrung. Durch eine zeitweilige Abdeckung empfindlicher Kulturen mit kleinmaschigen Insektenschutzvliesen werden die Schädlinge von den Pflanzen ferngehalten. Die Vermehrung der Nützlinge wie Marienkäfer oder Schwebfliegen folgt der Vermehrung der Schädlinge auf dem Fuße. Meisen benötigen Insekten als proteinreiches Futter für ihre Jungen. Mit der Zeit stellt sich ein Gleichgewicht ein zwischen Nützlingen und Schädlingen. Einen völlig „cleanen“ Garten ohne Schadinsekten gibt es nicht.

Wenn eine Pflanze dann doch lädiert ist, empfehle ich folgende Vorgehensweise:

- **Diagnose:** Identifizieren Sie das Problem. Wie sieht der Schaden an der Pflanze aus? Wer knabbert die Löcher oder verursacht einen mehligen Blattüberzug? Wie viele Pflanzen sind betroffen? Gibt es Hinweise auf den Täter? Wurde der Schaden durch das Wetter wie Frost oder Hagel verursacht?
- **Den Feind kennen**: Wenn Sie herausgefunden haben, um welches Tier oder welche Krankheit es sich handelt, lernen Sie dessen Lebensweise kennen. Wo hält sich der Käfer auf, wo fressen seine Larven? Welche Feuchtigkeitsbedingungen benötigt der Pilz? Das gibt Hinweise auf effektives Eingreifen in den Vermehrungszyklus des Feindes.
- **Maßnahmen ergreifen:** Mischkultur und Fruchtwechsel einhalten, Nützlinge fördern, Fallen aufstellen, Pflanzen schützen durch kurzzeitige Auflage von dichten Insektenschutznetzen, Blattläuse mit einem Wasserstrahl abspritzen, kranke Pflanzen entfernen.

Die Larven der Marienkäfer sind hungrig auf Blattläuse.

Schönes Beet oder Spitzenertrag

Ein schmucker Gemüsegarten sieht am besten aus, wenn er vor üppigen Pflanzen aus allen Nähten platzt. Durch die Vielfalt an Pflanzen sehen die Beete fast immer gut aus. Das ambitionierte Ziel der Pflanzplanung ist, die Kombination aus Blumen und Gemüse über mehrere Monate produktiv und dekorativ zu halten.

Aus dem schönen Salat-Schachbrett-Muster Köpfe ausschneiden? Das hinterlässt Löcher und das perfekte Bild ist dahin.

Dynamische Bepflanzung

Das gelingt mit einem gemischten Blumen- und Nutzgarten besser als in einem reinen Nutzgarten. Sie haben für Ihr dekoratives Beet einen Plan gemacht, die Pflanzen ausgewählt, vorgezogen und ausgepflanzt. Im Frühling wachsen alle Pflanzen und das Beet wird dichter. Im Sommer zeigt sich das komplette Bild mit Farben und Strukturen. Was gibt es Schöneres zu beobachten als die durch die gelbgrünen Dolden des Dills leuchtende Nachmittagssonne. Die runden Salatköpfe sind zu einem dichten Teppich zusammengewachsen, Ringelblumen und Tagetes blühen, der Grünkohl reckt sich über alle hinweg. Jetzt ist der Salat fertig und müsste für die Küche geerntet werden. Damit gibt es leere Stellen im Beet und das Idealbild ist gestört.

Dieser Wechsel, die Dynamik des Wachsens und Reifwerdens, gehört im Garten dazu. Die Fotos der Blumenbeete in den Gartenzeitschriften werden auch zu ihrer besten Zeit aufgenommen, es sind immer Momentaufnahmen. Beete und Pflanzen verändern sich im Laufe der Jahreszeiten, das ist ja das Spannende. Der Vorteil bei der Kombination von Blumen und Gemüse in einem Beet ist, dass immer Pflanzen stehen bleiben. Das Beet wird nie ganz leer sein, nur mit brauner Erde, auch wenn dazwischen das Gemüse geerntet wird. Wenn Sie nach der Ernte an die Stelle wieder ein neues Gemüse oder eine Sommerblume säen oder pflanzen, schließen sich die Lücken bald wieder.

Oder lassen Sie einige Salatköpfe stehen. Sie strecken sich zu imposanten Pagoden und der schönste Effekt sind ihre gelben Blüten. Wenn der Salat auf dem Kompost gelandet wäre, hätten wir die Blüten und Samenstände nie gesehen. Räumen Sie nicht vorschnell auf, sondern genießen Sie die kreative Unordnung von blühenden Radieschen und spektakulären Samenständen. Lassen Sie die späten Gemüse und ausgeblühten Sommerblumen über den Winter im Beet stehen. Der Frost überzuckert sie mit Eiskristallen. Insekten nutzen die hohlen Stängel als Winterquartier und Vögel die Samenstände als Winterfutter.

Betrachten Sie die Gemüsepflanzen nicht nur als Gemüse für die Küche. Die meisten Pflanzen spielen mindestens eine Doppelrolle im Gartentheater. Sie sind Gemüse und Heilpflanze, Heilpflanze und Insektenmagnet, Insektenmagnet und essbare Blüten.

Planen Sie Ihr erstes schmuckes Gartenbeet und es wird Sie nicht mehr loslassen:

- Fangen Sie klein an, aber machen Sie einen Plan.
- Pflanzen Sie die richtige Pflanze an den richtigen Platz.
- Pflanzen Sie, was Sie essen möchten und was Ihnen gefällt.
- Haben Sie Geduld mit sich. Auch die Profis tüfteln mehrere Jahre an Top-Kombinationen.
- Ernten macht am meisten Spaß!

Mit Blumen kombiniert wird das Beet nie ganz leer. Wenn Rote Bete und Rotkohl geerntet sind, schließen die Blumen die braunen Lücken.

Gemüse mit adretten Blättern

Gemüse als blattreiche Pflanzen sind Spitzenreiter bei den Variationen der Farbe Grün. Aber auch rote Blattfarben sind vertreten. Bei der Struktur ihrer Blätter halten Gemüsepflanzen in der Vielfalt mit jeder Staude mit.

Inspiration: Essbare Stadt Andernach

In diesen öffentlichen Grünanlagen heißt es „Betreten erlaubt, pflücken erwünscht". Nach einer Neuplanung der Grünanlagen wachsen statt Sommerblumen Gemüsepflanzen wie Tomaten, Bohnen und Zucchini in den Grünanlagen der Stadt Andernach.

Gemüse statt Sommerblumen

Die Stadt Andernach liegt am Mittelrhein, der alte Stadtkern ist malerisch von einer gut erhaltenen Stadtmauer umgeben. Dicke Mauern und Türme zeugen von der Wehrhaftigkeit der Stadt. Mit den Rheinterrassen, dem Hindenburgwall und dem Stadtgraben ist die Stadt von vielen Grünflächen umgeben. Die meisten Flächen waren bisher kurzgeschorene Rasenflächen, ab und zu dekoriert mit einem Blumenbeet. Seit 2010 sehen diese Flächen anders aus. Statt Zierpflanzen stehen nun dekorative Gemüsepflanzen in den Beeten. Der Besucher entdeckt neben den Dahlien Nutzpflanzen wie Rhabarber, Kürbisse und Zucchini.

Der Gemüseanbau auf den öffentlichen Flächen zieht sich durch das gesamte Stadt-

Mal etwas anderes als Eisbegonien im Wechselflor, stattdessen Gemüseernte an der Stadtmauer.

Gemüse und bunte Blühstreifen statt vermüllter Brachflächen heben die Lebensqualität in der Stadt.

gebiet. Vor allem im Bereich Schlossgarten, am Heimwartsturm und Mariendom gibt es viele Beete, die mit Gemüsepflanzen bestückt sind. 2010 wurden 101 Sorten Tomaten gepflanzt. Im folgenden Jahr prägten Rankgerüste aus Bohnenstangen die Anlage vor der Stadtmauer und es gab eine Vielfalt an alten Bohnensorten zu ernten. Es folgten Zwiebeln und Kartoffeln, jedes Jahr wird eine andere Gemüse- oder Obstsorte zum Schwerpunkt. Die Stadt fördert Biodiversität, indem besonders regionale und seltene Sorten angebaut werden.

Das Besondere: Jeder Andernacher Bürger kann hier mitwirken, beim Säen, Pflegen und Ernten. Am liebsten wird natürlich geerntet, auf dem Weg zum Büro eine reife Tomate gepflückt oder auf dem Weg nach Hause ein Salatkopf samt Kräutern geerntet. Nach den Gemüsebeeten und Kräutern kamen in den folgenden Jahren noch attraktive Obstbäume wie Birnen, Pfirsich, Mandeln und Mispeln hinzu, ein Weinberg mit Tafeltrauben wurde angelegt. Im Stadtgraben laufen mittlerweile sogar Hühner herum. Die Andernacher Bürger lieben ihre „Essbare Stadt“, die offenen Bürgergärten mit essbaren Pflanzen und Obst sind ein voller Erfolg. Für Andernach wurde die Essbare Stadt zu ihrem Markenzeichen.

Attraktivere Grünflächen

Ausgangspunkt des Projektes war die Umplanung der öffentlichen Grünflächen. Sie sollten attraktiver gestaltet werden, für Bürger und Touristen erlebbar sein. Aspekte der Nachhaltigkeit, Biodiversität und des urbanen Gartenbaus sind in das Projekt mit eingeflossen. Die Stadt soll mit allen Sinnen durch bunte Blumen, Duft und Geschmack empfunden werden können. Die Kosten spielten dabei auch eine Rolle. Die bisherigen Beete mit Wechselflor, die mehrfache Neubepflanzung von Beeten je nach Jahreszeit, waren kosten- und pflegeintensiv. Manche Grünanlage war in die Jahre gekommen, mit Efeu überwuchert, unansehnlich oder vermüllt.

Keimzelle der Idee war ein Permakulturgelände im Stadtteil Eich, auf dem es schon Erfahrungen mit dem Miteinander von Flächen für den Naturschutz und Gemüse gab. Das Konzept in Andernach wurde ohne aufwendige Baumaßnahmen durchgeführt. Es hat Arbeitsplätze geschaffen, die Beete werden durch Mitarbeiter einer Beschäftigungsgesellschaft gepflanzt und gepflegt, die sich beruflich weiterqualifizieren können. Die Stadt Andernach wurde für ihre Bewohner zu ihrem „Lebens-Mittelpunkt“ und ihrem „Lebensmittel-Punkt“. Die Gemüsebeete vermitteln eine neue Wertschätzung für regionale Lebensmittel, machen die Stadt lebens- und liebenswert. Entgegen aller Skepsis gab es keinen Vandalismus in den Beeten. Über Andernach hinaus hat das Projekt ein großes Echo in den Medien ausgelöst und Vertreter anderer Städte zur Nachahmung angeregt.

Artischocke – die Stolze

Cynara scolymus

Sie ist eine Wanderin zwischen den Welten: Blattschmuckstaude, Edelgemüse und Distelblüte. Von der Artischocke kann man alles haben. Hier rangiert sie unter Blattschmuck, denn ihre silbrig behaarten, graugrünen großen Blattrosetten sind im Sommergarten ein Blickfang. Die gesägten, oft stacheligen Blätter verraten sie als Distelgewächs. Die imposante Blattrosette bedeckt locker einen Quadratmeter. Im Juli strecken sich die massiven Blütenstängel in die Höhe. Das macht die Artischocke noch beeindruckender. Die grün bis lila überlaufenen schuppigen Blütenknospen sind ein zweiter Höhepunkt. Für die Küche müsste man die ausgewachsenen, geschlossenen Knospen schneiden, aber wer kann das übers Herz bringen? Denn der faustgroße, lila Blütenstand öffnet sich als Landeplatz für Insekten und Schmetterlinge.

KURZ & BÜNDIG

Pflanzenhöhe: 30 bis 150 cm
Säen: ab Mitte Februar zwei bis drei Korn im Topf, im Haus bei 20 bis 25 °C, oder Jungpflanzen kaufen
Pflanzen: im Abstand von 80 × 80 bis 100 × 100 cm, Ende Mai/Anfang Juni
Pflegen: im Sommer organisch düngen, bei Frost dicke Abdeckung mit Reisig, trockenem Laub
Boden: humoser Sand, Lehm
Nährstoffbedarf: hoch
Zeit im Beet: Mai bis Dezember, mit Laubabdeckung in milden Regionen mehrjährig
Ernten: geschlossene Blütenknospen schneiden ab August
Genießen: in Salzwasser gekocht, Blütenböden und Basis der Knospenschuppen mit Dips, als Vorspeise

Schicke Kollegen

'Green Globe': frühe Sorte, Knospenschuppen grün, ohne Stacheln
'Vert de Provence': starker Wuchs, große Blütenknospen

In Szene gesetzt

- Setzen Sie die Distel als Hauptdarstellerin einzeln oder in Gruppen von drei Pflanzen. So kommen die grau behaarten Blattrosetten gut zur Geltung.
- Artischocken eignen sich für sonnige, warme Standorte. Sie bilden eine fleischige Pfahlwurzel. In wintermildem Klima und auf Sandböden können sie überwintern. Eine Abdeckung mit Reisig und einer dicken Laubschicht schützt sie vor Kahlfrost.
- Gute Partner sind das Patagonische Eisenkraut, die Papierblume, als Fußvolk Mädchenauge, Ringelblumen.

Mit silbergrauer Blattrosette, schmückenden Knospen und lila Blüten punktet die Artischocke dreifach im Beet.

Blattsenf – der aus Fernost

Brassica juncea, Brassica rapa var. *japonica*

Wenn überhaupt bekannt pflegen die Sorten von Blattsenf oder Asia-Gemüse ein Image als langweilige Salatpflanzen. Das ist unfair, denn die zahlreichen Sorten bieten eine Vielfalt an Blatttexturen und unterschiedlichen Wuchstypen von blattreichen Pflanzen bis zu Einzelpflanzen mit breiten Blattrosetten. An Farbvielfalt kommen dazu alle Schattierungen von Grüntönen der Blätter sowie Rot- und Rotgrüntöne. Blattrippen und breite Stiele zeigen sich oft glänzend weiß. Man kann zwischen grünem und schokoladenbraunem Blattschmuck wählen. Das Aroma ist genauso vielfältig, es reicht von mild bis senfartig scharf. Die ganzen Pflanzen mit Stiel, Blättern und Blütentriebe sind essbar. Übers Jahr bis zum Herbstende sind sie gute Lückenfüller, da Blattsenf schnell keimt und wächst.

KURZ & BÜNDIG

Pflanzenhöhe: 25 bis 45 cm
Säen: März bis Mai, August/September reihenweise
Pflanzen: Rosettentypen nach Vorkultur, im Abstand von 30 × 30 cm, Anfang April/ Ende Mai, Ende August/Anfang September
Pflegen: liebt kühles Wetter, im Sommer strecken sich die Pflanzen und blühen
Boden: Lehm, Ton
Nährstoffbedarf: mittel
Zeit im Beet: April bis Ende November, verträgt leichten Frost
Ernten: blattweise oder ganze Rosetten, über dem Herz abgeschnitten wachsen die Pflanzen nach
Genießen: in Mischsalaten, würzige, je nach Sorte senfscharfe Blätter, Beilage für Nudelgerichte, Pestos

Schicke Kollegen

'Green in the Snow': grüne, gezähnte Blätter, wächst schnell, Geschmack senfähnlich scharf
'Red Giant': ovale breite Blätter, grün mit roten Blattadern, Geschmack mäßig scharf
'Moutarde Rouge Metis': feingezackte, intensiv rote Blätter, Geschmack mittelscharf

In Szene gesetzt

- Blattsenf liebt kühles Frühlings- und Herbstwetter. Im Sommer pausiert man bei Hitze mit neuen Aussaaten oder lässt ihn für die Insekten blühen.
- Verwenden Sie Blatttypen in Reihen ausgesät als Randeinfassungen und linienförmigen Strukturen. Die rosetten- und kopfbildenden Sorten wirken in Gruppen gepflanzt durch Farbe und Form ihrer Blätter.
- Gute Partner sind im Frühjahr Stiefmütterchen, Frühlingsprimeln, hohe Tulpen. Als Gemüse kann Salat, Mangold oder Wurzelgemüse folgen, bloß keine Verwandten aus der gleichen Familie (Kreuzblütler).

In Reihe ausgesät fungiert Blattsenf am Rand der Beete als essbare Einfassung.

Endivien – der Krauskopf

Cichorium endivia

Man kann die Endivien mit Salatköpfen verwechseln, aber ihre blauen Blüten verraten die Verwandtschaft zur Wegwarte. Endivien bieten uns dekoratives Blattwerk in Kopfform. Es gibt zwei unterschiedliche Sortentypen, den Escariol mit breiten Blättern und massiven, geschlossenen Köpfen und den Frisée-Typ mit flachen Blattrosetten und tief geschlitzten Blättern. Die gekrausten Blätter sind dekorativer, aber auch empfindlicher gegen Verbräunungen und Verletzungen. Die pummeligen, grobblättrigen Escariol-Typen sehen über mehrere Monate frisch aus. Neben grünen Blättern zeigen sie uns ihre hellen gelben Herzblätter. Ernten Sie aus einer Reihe oder einer Fläche nur jeden zweiten Kopf und lassen die restlichen Pflanzen zur Blüte kommen. Dann überragen sie das Beet mit himmelblauen Korbblüten, die rege von Schwebfliegen und anderen Insekten besucht werden.

KURZ & BÜNDIG

Pflanzenhöhe: 20 bis 30 cm, mit Blütenstielen bis 80 cm
Säen: in Anzuchtschalen, im Haus bei 20 bis 22 °C, April bis Anfang August
Pflanzen: im Abstand von 30 × 30 cm, Mitte Mai/Ende August
Pflegen: sehr genügsam, Düngung mit Kompost reicht
Boden: humoser Sand, Lehm, Ton
Nährstoffbedarf: gering
Zeit im Beet: April bis Ende November, verträgt Frost bis –5 °C
Ernten: ganze Blattrosette schneiden
Genießen: leicht bitterer Salat mit festem Blatt, mit warmer Zwiebel-Specksauce, mit Käse überbacken

Schicke Kollegen

'Diva': Escariol-Typ, dicht gefüllter Kopf mit ganzrandigen Blättern, dauerhaft im Beet
'Eminence': Escariol-Typ, dicht gefüllter Kopf mit ganzrandigen Blättern, buttergelbe Herzblätter
'Wallone': Frisée-Typ, fein gekrauste Blätter, dichte Köpfe, wüchsig bis zum ersten Frost

In Szene gesetzt

- Nutzen Sie die Endivien vom Sommer bis zum späten Herbst, wenn es den Salatköpfen zu warm wird. Als Jungpflanze gesetzt formen sie eine korrekte saubere Beetkante oder umsäumen Einfassungen.
- Setzen Sie die Köpfe gemeinsam mit Salat, um eine Fläche zuzupflanzen. Endivien sehen über mehrere Monate gut aus, wenn man sich das Ernten verkneifen kann.
- Gute Partner sind hohe Blattpflanzen wie Mangold mit bunten Stielen, hohe feinblättrige Kräuter wie Dill oder Fenchel zwischen rotblättriger Gartenmelde. Als blumige Begleiter eignen sich zierliche Kosmeen und Gräser wie die Mähnengerste.

Endivien bilden wie Salat runde Köpfe. Man kann mit ihnen Beete in der Farbe Grün flächig zupflanzen.

Fenchel – der Sensible

Foeniculum vulgare var. *azoricum*

Der Anbau von Knollenfenchel gehört nicht zu den einfachen Kulturen. Fenchel mag nicht zu früh in kaltes Frühlingswetter gesetzt werden. Dann denkt er, es sei schon Herbst und beeilt sich mit dem Blühen. Beim Einpflanzen sollten Sie seine Wurzeln nicht umknicken, und bei Trockenheit stellt er sein Wachstum ein. Aber sonst bewahrt er Haltung, steht auf seiner angeschwollenen Blattbasis, die eine weiße Zwiebel formt. Damit die weißen Knollen gut zu sehen sind, lässt man um die Pflanzen etwas offenen Boden zu. Später, wenn die nadeligen Blätter an den Blattstielen höher sind und den Zierwert übernehmen, kann sich Kapuzinerkresse um seine Füße ranken. Dafür können Sie sich mit der Aussaat Zeit lassen, es reicht, wenn es Ende April losgeht. Fenchel ist ein später Performer, dafür haben wir lange etwas von seinem Blattschmuck und den Blütendolden. Doldenblüten sind unter den Sommerblumen immer gesucht, hier gibt es sie umsonst dazu.

KURZ & BÜNDIG

Pflanzenhöhe: 30 bis 120 cm, wenn Fenchel blüht
Säen: ab Ende April bis Ende Mai in Saatschalen
Pflanzen: im Abstand von 30 × 30 cm, Ende Mai/Anfang Juni bis Anfang August
Pflegen: Aussaaten nicht unter 15 °C, besser 20 °C, wachsen lassen
Boden: humoser Sand, Lehm, Ton
Nährstoffbedarf: gering bis mittel
Zeit im Beet: Mai bis Ende Oktober
Ernten: Knollen ernten oder schossen und blühen lassen
Genießen: als Gemüse, Auflauf mit Kartoffeln und Käse, reife Samen für Tee

Schicke Kollegen

Bronzefenchel: mehrjähriger Staudenfenchel, mit bronzefarbigen Fiederblättchen, bildet keine Knollen, aber reichlich Doldenblüten
'Fino': flache, hochovale, weiße Knollen, schossfest
'Selma': rundliche, weiße Knollen, schossfest
'Doux de Florence': große, flache Knollen, wenig schossfest, wer Blütentriebe mag, alte Sorte

In Szene gesetzt

- Pflanzen Sie den Fenchel eher in der zweiten Reihe ins Beet. Die Pflanzen sind erst nicht hoch, aber das Schossen und die Blüte mit einer Pflanzenhöhe von etwa 120 cm sollte mit einkalkuliert werden. Neben den nadelartigen Blättern sind die Doldenblüten der schönste Schmuck.
- In nährstoffreichem Boden drohen die blühenden Pflanzen zu kippen, dann besser an Bambusstäben anbinden.
- Zuerst fühlt sich Fenchel mit etwas Freiraum um die Knolle wohl. Später dürfen Bodendecker wie Tagetes, rankende Kapuzinerkresse, Löwenmäulchen oder Bartnelken ihn begleiten.

Die gelben Blüten der niedrigen Tagetes scheinen durch das filigrane Laub des Fenchels.

Kohl – mit Blatt & Köpfchen

Brassica oleracea

Kohlpflanzen sind die Obelixe unter dem Gemüse, etwas korpulent, aber gutmütig und stark. Mit ihren ausladenden Blättern besetzt eine ausgewachsene Pflanze fast einen Quadratmeter. Ebenso breitflächig ist die Farbwirkung ihrer Blätter. Neben hellen und sehr dunklen Grüntönen entdeckt man bei Rotkohl die dunklen Rottöne, die im Herbst durch einen Wachsüberzug metallisch glänzen. Weißkohl und Rotkohl stehen für runde Kopfformen, die Köpfe der Spitzkohlsorten sind kreiselförmig. Für mehr Struktur in den Blattflächen wählen Sie Wirsing mit seinen blasigen Blättern aus. Die sehen aus wie grüne Wolken. Luftige Höhen erobern die Rosenkohl- und Grünkohlsorten. Die Blattkohle wachsen strikt nach oben, ohne einen Kopf zu bilden. Es gibt halbhohe Sorten und die ganz riesigen Ostfriesischen und Lippischen Palmen. Bei gutem Futter überragen sie im Herbst mit einer Höhe von 1,80 m die Beete.

KURZ & BÜNDIG

Pflanzenhöhe: 40 bis 150 cm
Säen: Vorkultur in Schalen, Jungpflanzen kaufen
Pflanzen: im Abstand von 50 × 50 cm, Ende Mai/Anfang Juli
Pflegen: ist beliebt bei sehr vielen Schädlingen, frühen Befall verhindern
Boden: Lehm, Ton
Nährstoffbedarf: hoch
Zeit im Beet: Mai bis Dezember, können über Winter stehen bleiben
Ernten: einzelne Blätter und Köpfe, Lagerung bei 4 °C
Genießen: als Gemüse, Eintopf, aus der Pfanne, vielseitig

Schicke Kollegen

'Filderkraut': Weißkohl, spitze grüne Köpfe, kreiselförmig hoch
'Kalibos': Rotkohl, spitze kreiselförmige Köpfe, rot-metallisch glänzend
'Nero di Toscana': Grünkohl, graugrüne, blasige Blätter, mit langen Stielen, Wuchs kompakt, bis 80 cm
'Redbor F1': Grünkohl mit schwarzroten gekrausten Blättern, bis 100 cm hoch
'Winterfürst': Wirsing, dunkelgrüne runde Köpfe, stark blasige, gekrauste Blätter

In Szene gesetzt

- Das Verstecken einzelner Kohlpflanzen in Sommerblumenbeeten ist die beste Mischkultur und schützt vor vielen lästigen Kohlschädlingen.
- Die Kohlpflanzen geben dem Garten auch im Winter eine Struktur. Sie sind frosthart. Im Frühling bilden sie verzweigte Blütenstände. Die zahllosen gelben Blüten sind bei den ersten Insekten willkommen.
- Gute Partner zum Kohl sind lang blühende Kapuzinerkresse, Amaranth, Tagetes und Dahlien, aber auch Schnittknoblauch und Berglauch als Einfassung, Gräser mit ihren wogenden Ähren im Herbst.

Rhapsodie in Lila: vorne blühendes Buschbasilikum, dahinter rotblättriger Grünkohl 'Redbor' und darüber schwebt das Patagonische Eisenkraut.

Kräuter – die Gesunden

Dill

Anethum graveolens

Dill schlüpft mit seinem fiedrigen Laub als verbindendes Element zwischen alle Pflanzen.

Dill blüht mit grüngelben Schirmchen.

KURZ & BÜNDIG

Pflanzenhöhe: 30 bis 100 cm
Säen: ins Beet
Pflanzen: wie die Samen fallen, Mai/Juni
Pflegen: toleriert Trockenheit und hat wenig unter Schädlingen zu leiden
Boden: Lehm, Ton
Nährstoffbedarf: mittel
Zeit im Beet: Mai bis Oktober, einjährig
Ernten: feingefiederte Blätter, gelbgrüne Blütendolden
Genießen: Blätter den ganzen Sommer über frisch in Salaten, zu Gurken, Fisch, Kräuteressig

Liebstöckel

Levisticum officinale

Das mehrjährige Maggikraut leistet dem Rhabarber und Spargel Gesellschaft.

Maggikraut riecht wie die gleichnamige Suppenwürze.

KURZ & BÜNDIG

Pflanzenhöhe: 50 bis 150 cm
Säen: Jungpflanzen kaufen, Teilpflanzen
Pflanzen: im Abstand von 40 × 40 cm, April/Mai
Pflegen: toleriert Trockenheit und hat wenig unter Schädlingen zu leiden
Boden: Lehm, Ton
Nährstoffbedarf: hoch
Zeit im Beet: Staude, mehrjährig, wird sehr alt
Ernten: junge Blätter
Genießen: Gewürz für Eintöpfe und Suppen, sehr intensiv

Perilla

Perilla frutescens

Die Schwarznessel schmückt das Beet mit ihren dunkelroten, brennnesselartigen Blättern.

Die dunkelblättrige Schwarznessel ist ein Farb- und Aromawunder.

KURZ & BÜNDIG

Pflanzenhöhe: 30 bis 80 cm
Säen: in Kisten, Vorkultur ab April/Mai
Pflanzen: im Abstand von 25 × 25 cm, Mai/Juni
Pflegen: für einen buschigen Wuchs Triebspitzen abschneiden
Boden: humoser Sand, Lehm
Nährstoffbedarf: mittel
Zeit im Beet: Mai bis Oktober, einjährig
Ernten: Blätter abzupfen
Genießen: Asia-Würze für Salate, Reis, Sushi

Salbei

Salvia officinalis

Seine Blätter und Blüten sind für Auge und Nase ein Erlebnis. Es gibt Sorten mit purpurroten, weißgrünen oder grauen Blättern.

Salbeisorte 'Purpurascens' mit blaugrünen Blättern.

KURZ & BÜNDIG

Pflanzenhöhe: 30 bis 60 cm
Säen: Stecklinge in Erde ab Sommer
Pflanzen: im Abstand von 30 × 30 cm, Mai/Juni
Pflegen: sonnige Standorte, Boden kalkhaltig
Boden: humoser Sand, Lehm
Nährstoffbedarf: gering
Zeit im Beet: Kleinstrauch, mehrjährig
Ernten: Blätter pflücken
Genießen: Blätter als entzündungshemmender Tee, Würze an Geflügel

Mangold – der Angeber

Beta vulgaris ssp. cicla

Die starken Pflanzen wachsen aufrecht, bilden große blasige Blätter und breite Stiele. Je nach Sorte variiert die Blattfarbe zwischen gelbgrün und rotgrün. Stängel und Mittelrippen der Blätter können weiß, pink, tiefrot, lila, gelb oder orangegelb sein. Man erkennt die Stängelfarbe schon bei den gekeimten Pflanzen. Zum Pflanzen kann man sie farblich sortieren oder bunt durcheinander setzen. Einzeln gesetzte Pflanzen können Ecken betonen oder Beetränder begleiten. Die farbigen Blattstiele haben eine ähnliche Präsenz wie eine Blüte. Sie behaupten sich gut im Beet, eng gepflanzt zu farblich passenden Blumen. Die Pflanzen stehen den ganzen Sommer über, tolerieren Trockenheit und haben wenig unter Schädlingen zu leiden. Ernten Sie die äußeren Blätter, desto besser wachsen frische nach. Auch in großen Töpfen machen die Pflanzen eine gute Figur.

KURZ & BÜNDIG

Pflanzenhöhe: 30 bis 50 cm
Säen: in Kisten, Vorkultur ab April/Mai, die Stielfarbe ist bei den Keimlingen schon zu erkennen
Pflanzen: im Abstand von 40 x 40 cm, Mai/Juni
Pflegen: toleriert Trockenheit und hat wenig unter Schädlingen zu leiden
Boden: humoser Sand, Lehm, Ton
Nährstoffbedarf: mittel
Zeit im Beet: Mai bis Dezember, in milden Wintern überwinternd
Ernten: Ernte der äußeren Blätter, wenn ca. 15 cm lang, desto besser wachsen frische nach
Genießen: wie Spinat, auf Pizza oder Quiche

Schicke Kollegen

'Bright Lights'/'Rainbow': Mischung aller Stielfarben von Gelb, Rot bis Lila, Blätter hellgrün bis rotgrün
'Feurio': rote Stiele, Blätter frischgrün
'Lucullus': weiße Stiele, gelbgrüne stark gekrauste Blätter

In Szene gesetzt

- Pflanzen Sie nach Begutachtung der Blattstiele farblich sortiert oder bunt durcheinander, am besten in Gruppen von drei bis fünf Pflanzen. In einer Reihe gepflanzt bildet Mangold eine massive Beeteinfassung. Die Farbe der Blattstiele kommt in der Fläche noch besser zur Geltung.
- Am schönsten leuchten Stiele und Blätter im durchscheinenden Sonnenlicht.
- Gute Partner sind Blumen, deren Blütenfarbe auf die Farbe der Blattstiele abgestimmt ist wie Dahlien oder Zinnien. Zarte Gräser bringen einen schönen Kontrast zu den fleischigen Blättern.

Mehr noch als die Blätter fallen beim Mangold die breiten bunten Stiele auf.
Sie bringen die Farbe bis auf den Teller.

Melde – die Zahme

Atriples hortensis

Unsere „zahme“ Melde ist eine echte Kulturpflanze im Gegensatz zum wilden Unkraut-Gänsefuß. Sie ist ein Frühstarter im Beet und Sie können sie ab März schon bei niedrigen Temperaturen aussäen. Von etwa 20 cm hohen Pflanzen können Sie Blätter oder Triebspitzen ernten. Die Pflanzen schmücken sich mit großen dreieckigen Blättern in den Farben gelbgrün, frischgrün, bronzerot und bordeauxrot. Die rotblättrigen Formen werden oft zwischen Sommerblumen gesät. Melde steht über den Sommer bis zum Herbst im Beet und wird bis 1,80 m groß. Nach der Blüte überragen ihre dekorativen Samenstände die übrigen Pflanzen. Für die Gestaltung mit Sommerblumen sind die rotblättrigen Sorten beliebt, grünes Blattwerk haben wir reichlich bei anderem Gemüse. Ihre roten Blätter vermitteln zwischen zarten Farben wie rosa blühendem Mohn oder Kosmeen genauso wie zwischen den blauroten Blättern von Rotkohl und allen Grüntönen.

KURZ & BÜNDIG

Pflanzenhöhe: 30 bis 180 cm
Säen: ab März direkt ins Beet
Pflanzen: im Abstand von 25 × 30 cm
Pflegen: bei Trockenheit gießen, kann halbschattig stehen
Boden: Lehm, Ton
Nährstoffbedarf: mittel
Zeit im Beet: März bis Ende September
Ernten: junge Triebspitzen, einzelne Blätter
Genießen: Blätter gleich verarbeiten, frisch zu Salaten, gedünstet wie Spinat, alle Spinatrezepte, Pizzabelag

Schicke Kollegen

'Gartenmelde Grün': sattgrüne Blätter
'Gartenmelde Mondseer': große, goldgrüne Blätter, leicht gezähnt
'Gartenmelde Opera': Blätter in der Grundfarbe grün, aber rot überlaufen, Stängel rötlich
'Gartenmelde Rubra': rubinrote große Blätter

In Szene gesetzt

- Die Pflanzen entwickeln sich an Ort und Stelle gesät kräftig, zu dicht stehende Pflanzen können Sie leicht wegzupfen. Die Aussaat im Topf und das Umpflanzen mögen sie nicht.
- Am schönsten sind Sorten mit rötlichen und bordeauxroten Blättern, oder die Mischformen zwischen Rot und Grün.
- Sie können im Frühling alle freien Flächen zwischen den Frühjahrsblühern besiedeln. Im Vordergrund bis zum Sommer wegessen, große Pflanzen eher im Beetmittel- und -hintergrund stehen lassen.

Sie wird kaum noch gegessen, aber als einjährige Blattschmuck-
pflanze wird Melde immer beliebter, hier mit rotem Blattschmuck.

Neuseeländer Spinat – der Hitzkopf

Tetragonia tetragonioides

Er mag Sommerhitze, denn der Neuseeländer Spinat kommt von „Down under", er wächst an den Stränden von Neuseeland und Australien. Die grünen Blätter sind fleischig sukkulent, die Triebe schlängeln sich über den Boden. Nur ihre Spitzen richten sich etwas in die Höhe. Um sein Wachstum in Schach zu halten, schneidet man sie immer wieder ab für den Sommersalat. In der warmen Sommerzeit verdient er einen Platz im Blumen- oder Gemüsebeet als essbarer Bodendecker. Neuseeländer Spinat wächst als lebende Mulchdecke zwischen Zuckermais, oder kombiniert mit Artischocken, um während der Blütezeit deren kahlen Füße zu verstecken. Als Füllpflanze im Vordergrund dürfen seine Triebe auch malerisch über Einfassungsecken herabhängen.

KURZ & BÜNDIG

Pflanzenhöhe: 30 bis 50 cm
Säen: Samen über Nacht in Wasser vorquellen, in Saatschalen, ab April/Mai
Pflanzen: im Abstand von 40 × 40 cm, Mitte Mai/Anfang Juni nach dem letzten Frost
Pflegen: toleriert Trockenheit und hat kaum unter Schädlingen zu leiden
Boden: humoser Sand, Lehm
Nährstoffbedarf: mittel
Zeit im Beet: Mai bis November
Ernten: laufendes Schneiden der Triebspitzen und Blätter, desto besser verzweigen sich die Pflanzen
Genießen: wie Spinat, als Gemüse, auf Pizza oder Quiche, roh in Mischsalaten

Schicke Kollegen

Die meisten Saatguthändler bieten „Neuseeländer Spinat" ohne Sortenbezeichnung an. Die Pflanzen aus Saatgut verschiedener Anbieter unterscheiden sich nicht.
'Carlas Bester': grüne, fleischige Blätter, wie die Art

In Szene gesetzt

- Der Bodendecker unter dem Gemüse. Eine Pflanze kann locker einen Quadratmeter zuwachsen. Je mehr die Triebspitzen für die Ernte geschnitten werden, desto besser verzweigen sich die Pflanzen.
- Die fleischigen dreieckigen Blätter glänzen in der Sonne. Das Grün passt zu allen Blütenfarben. Seine kleinen gelbgrünen Blüten sind eher unauffällig.
- Zu Füßen von starken Partnern wie Stangenbohnen, Zuckermais, Grünkohl, Rosenkohl, Sonnenblumen oder Dahlien pflanzen. Zu zarte Pflänzchen würde er überwachsen.

Er aalt sich im Sonnenlicht, der „Neuseeländer“ hat sich als essbarer Bodendecker an sonnig-warmen Standorten bewährt.

Pak Choi – der Turbo

Brassica rapa ssp. chinensis

Die Kohlart mit chinesischen Wurzeln wird erst langsam bei uns bekannter, in Asien gibt es von diesem Typen viele Sorten und Wuchsformen. Bemerkenswert sind sein turbomäßiges Wachstum und sein gar nicht kohliger, sehr milder Geschmack. Er benötigt von der Aussaat bis zur Ernte nur 60 Tage. Pak Choi liebt kühles Wetter, wenn er im Frühjahr in lange, wärmere Tage wächst, schießt er und blüht. Seine gelben kreuzförmigen Blüten haben auch Schmuckwert, aber erst soll die Blattrosette wachsen. Er eignet sich für das Nachpflanzen im Beet, wenn ab Juli Lücken durch die Ernte entstanden sind. Pak Choi wächst aufrecht, mit löffelartig verbreiterten Blattbasen. Die verschiedenen Sorten haben auffällig weiße oder grünliche Blattstiele und Blattadern. Die Blätter sind grün wie bei Chinakohl, manchmal grau und wachsüberzogen glatt. Die aufrecht stehenden Köpfe öffnen sich mit den Blättern vasenartig elegant nach oben. Ausgewachsen werden die Köpfe etwa 30 cm hoch.

KURZ & BÜNDIG

Pflanzenhöhe: 20 bis 35 cm
Säen: in Saatschalen, Vorkultur ab Ende Mai/ Anfang Juni
Pflanzen: im Abstand von 25 × 30 cm, Mai/Juni
Pflegen: beim Pflanzen Wurzeln schonen, Boden feucht halten
Boden: Lehm, Ton
Nährstoffbedarf: mittel
Zeit im Beet: Juni bis November
Ernten: ganze Rosetten, als Mini-Pflanze oder ausgewachsen, große Pflanzen auch blattweise
Genießen: wie Chinakohl, gedünstet, als Pfannengemüse zu Nudeln, mild und saftig, kein Kohlgeschmack

Schicke Kollegen

'Joy Choi F1': schneeweiße Blattstiele, Blätter dunkelgrün
'Green Fortune F1': hellgrüne, breite Stiele, Blätter grün glänzend, für kleine Pflanzen
'Misome': weiße, kurze Stiele mit breiter Basis
Es gibt auch eine Sorte **'Red Choi'**, bei uns aber leider selten als Saatgut im Handel.

In Szene gesetzt

- Pflanzen Sie Knollenfenchel mit fedrigem Laub, Kohlrabi, grün- und rotblättrige Salatköpfe in Gruppen flächig zu Pak Choi.
- Die grünen Blätter passen zu rotlaubigem und rotstieligem Mangold. Kombinieren Sie die verschiedenen Asia-Senfarten unter sich in einem Beet. Darunter gibt es auch rotlaubige Sorten. Gute Partner sind Pflanzen mit aufrechtem Laub wie Porree oder Zwiebeln.
- Setzen Sie niedrig bleibenden zarten Elfensporn (*Diascia*), den Elfenspiegel (*Nemesia*) oder kräftig gelbe Zitronen-Tagetes zwischen den Pak Choi.

Wie Vasen aus Porzellan stehen die Pak-Choi-Köpfe in der Reihe, adrett mit blaugrün bereiften Blättern.

Radicchio – der coole Italiener

Cichorium intybus var. *foliosum*

Der Südländer unter den Zichorien-Salaten mag es während seiner Jugendzeit in der Saatkiste warm. Deshalb können wir uns mit der Aussaat bis Ende Mai Zeit lassen. Radicchio eignet sich, um die Beete ab Juli wieder aufzufüllen, wo Gemüse geerntet wurde. Er bildet im Laufe des Sommers große rundliche Köpfe. Auch die roten Sorten starten erst mit grünen Blättern und offenen Blattrosetten. Erst wenn die Nächte kühler werden, erröten sie und färben sich dunkler. Die äußeren Blätter bleiben meist dunkelgrün. Die inneren Blätter schließen sich dicht zu einem kugeligen oder länglichen Kopf zusammen. Allein diese Verwandlung ist schon ein Schauspiel. Sie bringen Farbe in den Herbst- und Wintergarten, besonders die Sorte 'Variegata di Castelfranco' mit grünen, rot gesprenkelten Blättern, die Orchidee unter den Salaten.

KURZ & BÜNDIG

Pflanzenhöhe: 30 bis 40 cm
Säen: in Saatschalen Ende Mai bis Anfang Juni, nicht unter 16 °C, oder direkt ins Beet, dann vereinzeln
Pflanzen: im Abstand von 30 × 30 cm, Mitte Juni bis Anfang Juli
Pflegen: Boden tief lockern, bei Trockenheit im Herbst gießen
Boden: Lehm, Ton
Nährstoffbedarf: mittel
Zeit im Beet: Juni bis Ende November, verträgt leichten Frost
Ernten: ganze Köpfe schneiden, äußere Blätter entfernen
Genießen: roh als Salat, Aroma leicht bitter, mit warmer Zwiebel-Öl-Vinaigrette, leicht geschmort mit Pasta und Käse

Schicke Kollegen

'Palla Rossa 2': runde, geschlossene Köpfe, weiße Blattrippen zu weinroten Blättern
'Rossa di Treviso': ovale, hohe Köpfe, weiße Blattrippen, dunkelrote Blätter
'Variegata di Castelfranco': runde, offene Köpfe, Blätter grün bis gelbgrün, rot getupft, auch als Orchideen-Salat bezeichnet

In Szene gesetzt

- Radicchio-Köpfe sind rundlich, sie ergeben ballförmige Strukturen. Pflanzen Sie Gruppen oder Reihen mit ihnen.
- Zum Radicchio gesellen sich Winterporree mit blaugrünen Blättern, hohe Grünkohlsorten wie Italienischer Palmkohl oder rotblättriger 'Redbor'. Einen Kontrast geben die feinen nadeligen Blätter des Fenchels.
- Blumige Partner sollten die jungen Radicchio-Pflanzen nicht überwachsen. Kleinblütige Tagetes, zarte rosa Kosmeen oder das einjährige Pennisetum-Gras 'Rubrum' stehen im Herbst über den Radicchio-Köpfen.

Er bekommt erst eine rote Nase bzw. einen roten Kopf, wenn es ihm zu kalt wird. Die Herbstsonne bringt die Köpfe zum Leuchten.

Rhabarber – der freundliche Gigant

Rheum rhabarbarum

Ist das jetzt Gemüse oder Obst? Rhabarber hat viele Talente. Er könnte auch im Kapitel zu dekorativen Gemüseblüten und Samenständen beschrieben werden. Ab April entfalten sich die Blattfäuste aus dem fleischigen Wurzelstock. Ausgewachsen bedecken die Blätter über einen Quadratmeter Boden. Sie machen locker dem Mammutblatt (*Gunnera*) als Solitärstaude Konkurrenz. Obwohl ihre Blätter ähnlich aussehen, sind die Pflanzen nicht verwandt. Rhabarber-Sorten mit blutroten Stielen sind besonders dekorativ. Im Juli schiebt sich eine dicke Blütenfaust in die Höhe und entfaltet blumenkohlähnliche Blüten. Man soll die Blütenstiele ausbrechen, damit die Pflanze ihre Kraft nicht mit Samenbildung vergeudet. Dem Rhabarber schadet die Blütenbildung nicht. Sie würden sich sonst um ein imposantes Schauspiel bringen. Seine Wurzeln, die tief in den Boden ragen, machen ihn erstaunlich tolerant gegen Sommertrockenheit.

KURZ & BÜNDIG

Pflanzenhöhe: 40 bis 80 cm, bis 200 cm mit Blütenstiel
Säen: selten, Sorten als Jungpflanze kaufen
Pflanzen: im Abstand von 80 × 80 cm, Anfang März/Anfang April oder ab September
Pflegen: kann halbschattig stehen
Boden: humoser Sand, Lehm, Ton
Nährstoffbedarf: hoch
Zeit im Beet: mehrjährig, bis 10 Jahre am gleichen Platz belassen
Ernten: Stiele per Hand abdrehen, nicht schneiden, Blätter abschneiden
Genießen: als Kompott, Kuchen, Saft

Schicke Kollegen

'Elmsblitz': rote Stiele und rotes Stängelfleisch
'Holsteiner Blut': rote, aufrechte Stiele, Fleisch grün
'Goliath': grüne lange Stiele, große Blätter, sehr große Pflanzen

In Szene gesetzt

- Als mehrjährige, winterharte Staude kann Rhabarber über 10 Jahre am gleichen Platz stehen. Das sollte man bei der Beetplanung im Kopf behalten.
- Wo Rhabarberblätter den Boden beschatten, wächst kein Unkraut mehr. Die bei der Ernte abgeschnittenen Blätter dienen als Mulchauflage in den Beeten.
- Geben Sie dem Rhabarber ein eigenes Beet. Stellen Sie andere riesige Begleiter zu ihm wie Mais, Sonnenblumen, hohe Rudbeckien-Sorten oder Sonnenbraut (*Helenium*) mit ihren warmen, gelb- oder rostroten Blüten.

Rhabarber, noch nicht gewürdigt als tolle Blattschmuckstaude, gebührt ein Ehrenplatz im Staudenbeet.

Salat – der Sprinter

Lactuca sativa

Jede Sorte beim Salat hat ihren eigenen Charakter. Sie zeigen verschiedene Blatt- und Kopfformen und auch farblich wechseln sie zwischen unterschiedlichen Grüntönen, Rot und Kupfertönen. Als niedrige Pflanze setzt man sie in den Beetvordergrund. Mit Kopfsalaten lassen sich Muster und Teppiche pflanzen, abwechselnd grüne und rote Köpfe ergeben ein Patchworkmuster. Setzten Sie drei, vier oder fünf Köpfe in Gruppen zusammen. Die größten eiförmigen Köpfe bilden die Romana-Salate, zierlich klein bleibt der Buttersalat 'Tom Thumb'. Mit Pflücksalaten, die direkt ausgesät werden, webt man Reihen durch die Beete, überall, wo Platz ist zwischen anderen, langsam wachsenden Gemüsearten. Da sie nur blattweise geerntet werden, bleibt ihr Schmuckwert lange erhalten.

KURZ & BÜNDIG

Pflanzenhöhe: 15 bis 20 cm
Säen: ab März in Saatschalen, keimt bei niedrigen Temperaturen, bei über 20 °C schlechter
Pflanzen: im Abstand von 25 × 25 cm, April bis Anfang September
Pflegen: auf Schnecken und Vögel achten
Boden: Lehm, Ton
Nährstoffbedarf: niedrig
Zeit im Beet: April bis November, übersteht leichten Frost
Ernten: Kopfsalat schneiden, Pflücksalat blattweise ernten
Genießen: Salat als Frischgemüse, zum Butterbrot, Veggie-Burger

Schicke Kollegen

'Cerbiatta': besonderer Eichblattsalat, offene Blattrosette mit gezackten, aufrechten grünen Blättern
'Maikönig': grüner Kopfsalat, rotgetuscht, mittelgroße, feste Köpfe, für Frühjahrsbeete
'Merveille des quatre saisons': rotbrauner Kopfsalat, glänzende Blätter, schosst spät

In Szene gesetzt

- Als Kopfsalat stehen sie wie kleine runde Pompons in der Reihe oder Sie pflanzen mit grün- und rotblättrigen Sorten Muster ins Beet. Pflücksalate eignen sich für Beetränder oder zur Unterteilung von quadratischen Beeten.
- Lassen Sie die Köpfe stehen, wenn sie schossen! Das bringt Höhe ins Beet. Aus Eichblattsalaten entstehen kleine Pagoden. Die gelben Blüten und flockigen Samenstände sind zu schön, um sie auszurupfen.
- Als blumige Partner passen hohe Tagetes, Zinnien in knalligen Blütenfarben oder zarte Gräser wie die einjährige Mähnengerste.

Salat als Blattschmuck – so toll sehen unsere Salatsorten aus, wie asiatische Pagoden, mit spitzen oder gerüschten Blättern.

Sommerportulak – der Sommergast

Portulaca oleracea

Der Portulak mag es warm und trocken. Säen Sie ihn erst aus, wenn keine späten Fröste mehr angekündigt sind. Die Salatpflanze eignet sich ideal zum Füllen der Salatlücken im Sommer. Säen Sie die feinen Samen in Reihen dort, wo der Portulak im Sommer wachsen soll. Die zarten Jungpflanzen mögen nicht gerne versetzt werden. Die runden, rötlich überlaufenen Stängel stehen aufrecht, längere Triebe neigen sich herab zur Erde. Die Triebe mit den glänzenden, eiförmigen Blättern verzweigen sich, wenn Sie die Triebspitzen für die Küche abschneiden. Seine dicken, sukkulenten Blätter speichern Wasser. Die in Europa heimische Wildform liegt mit ihren Trieben flach auf dem Boden.

KURZ & BÜNDIG

Pflanzenhöhe: 30 bis 40 cm
Säen: Ende Mai direkt in Reihen ins Beet, ist frostempfindlich
Pflanzen: im Abstand von 20 × 20 cm, Ende Mai/Anfang Juni
Pflegen: Triebspitzen schneiden, wenn die Pflanzen zu breit werden, zur besseren Verzweigung
Boden: humoser Sand, Lehm
Nährstoffbedarf: gering
Zeit im Beet: Juni bis Anfang Oktober
Ernten: laufend Triebspitzen und Blätter schneiden
Genießen: in Mischsalaten, Quark, erfrischend, blanchiert wie Spinat zubereiten

Schicke Kollegen

Von diesem sehr ursprünglichen Wildgemüse gibt es noch keine Sorten. Einige Formen sind eher grün, andere mehr goldgelb. Die gelblichen Sorten sind im Beet dekorativer. Die Pflanze nicht mit dem Winterportulak (*Claytonia perfoliata*) verwechseln, er keimt erst bei Temperaturen unter 10 °C im Herbst.

In Szene gesetzt

- Pflanzen Sie den Sommerportulak an Beetecken oder am Beetrand, aber auch als Bodendecker, wo Platz ist. Er genießt die Sommersonne und kommt mit Trockenheit klar. Der Blattschmuck ist dauerhaft von Juni bis Oktober.
- Wenn die Pflanzen zu sehr in die Breite wachsen, weil zu wenig geerntet wird, einfach zurückschneiden, sie treiben wieder aus.
- Seine eigenen gelbgrünen Blüten sind unscheinbar. Deshalb verträgt er Farbe durch blühenden Amaranth, die kleine gelbe Ackerringelblume oder die zarten Blütenfarben der Spinnenbumen (*Cleome*).

Bodendecker sind im Blumengarten immer gesucht, der Sommerportulak ist dazu noch essbar.

Spargel – der Dauergast

Asparagus officinalis

Den Liebhabern feiner Gemüse empfehle ich den Anbau von Spargel. Man darf zwar erst 3 Jahre nach dem Pflanzen mit der Ernte beginnen, aber dafür bleiben die Spargelstauden über 10 Jahre erhalten, ohne sie jedes Jahr neu zu säen oder zu pflanzen. Die Spargelkultur macht kaum Arbeit. Der Dauergast steht am besten in einem eigenen Beet. Der Blattschmuck beim Spargel wächst, nachdem die Ernte Mitte Juni beendet ist. Dann strecken sich die Stangen, bilden lange Stängel und das Laub entfaltet sich. An den dünnen Stängeln stehen feine nadelartige Blätter wie beim Dill. Früher benutzten die Floristen Spargelgrün besonderer Ziersorten als Füller in Blumensträußen. Warum auch nicht? Das feine, farnähnliche Laub hält lange und sieht mit seiner gelben Färbung im Herbst noch gut aus.

KURZ & BÜNDIG

Pflanzenhöhe: 80 bis 100 cm
Säen: Jungpflanzen kaufen
Pflanzen: im Abstand von 30 × 40 cm, April
Pflegen: zur Ernte gebleichter Stangen anhäufeln
Boden: humoser Sand, Lehm
Nährstoffbedarf: mittel
Zeit im Beet: mehrjährig, kann über 10 Jahre im gleichen Beet bleiben, gelbe Herbstfärbung
Ernten: 3 Jahre nach dem Pflanzen, junge Stangen ab April schneiden
Genießen: delikates Frühlingsgemüse, gebraten oder gedünstet

Schicke Kollegen

'Huchels Leistungsauslese': Bleichspargel, für Dammkultur, weiße Stangen
'Pacific Purple': Purpurspargel, wie Grünspargel, Stangen aber violettrot gefärbt
'Schneewittchen': Grünspargel, zartgrüne Stangen, die sich über der Erde entwickeln

In Szene gesetzt

- Die 10 bis 15 Spargelpflanzen in einem eigenen Rechteckbeet von 1,50 m Breite zusammenpflanzen. Der ebenfalls mehrjährige Rhabarber kann sie in einem Beet begleiten.
- Setzen einzelne Spargelpflanzen oder Gruppen von drei bis fünf Pflanzen zwischen die Stauden.
- Das feinfederige Spargellaub bekommt im Herbst eine gelbe Färbung. Im Sommer wird das Spargelbeet von einem Fußvolk niedriger Sommerblumen wie Ringelblumen, blauer Leberbalsam, niedrige Tagetes oder rotblühende Nelken eingefasst.

Das fedrige Spargellaub wurde früher in Blumensträuße gebunden.
Spargel bietet über Jahrzehnte Gaumen- und Augenschmaus.

Süßkartoffel – das Herzblatt

Ipomoea batatas

Beim Anblick ihrer glatten herzförmigen bis pfeilförmigen Blätter und bei dem üppigen Wuchs ihrer Ranken kommt im Garten ein tropisches Urlaubsfeeling auf. Süßkartoffeln ranken fleißig jeden Fleck offenen Gartenboden zu, ohne aufmüpfig zu werden. Wo die Triebe den Boden berühren, bilden sie neue Wurzeln. Abgeschnitten werden die Triebe zu neuen Pflanzen, die wir an anderer Stelle einpflanzen können. Je nach Sorte kann man zwischen leuchtend gelbgrünen Blättern, dunkelgrün und schokoladenbraunem Blattschmuck wählen. Die Sorte 'Tricolor' übertrumpft mit ihren dreifarbigen Blättern jeden Blütenschmuck. Die Ranken hängen auch gerne aus Ampeltöpfen herab. Ende Oktober gibt es dazu noch leckere Knollen auszugraben. Süßkartoffeln sind der neue Star in der Herbstküche. Sie sind als Pommes, Chips oder Cremesuppe in 15 Minuten fertig zubereitet.

KURZ & BÜNDIG

Pflanzenhöhe: 30 bis 40 cm
Säen: Stecklinge bewurzeln in Wasser oder Erde, Jungpflanzen kaufen
Pflanzen: im Abstand von 40 × 40 cm, Ende Mai/Anfang Juni
Pflegen: bei Trockenheit gießen, kann halbschattig stehen
Boden: humoser Sand, Lehm
Nährstoffbedarf: mittel
Zeit im Beet: Mai bis Ende Oktober, beim ersten Frost ernten
Ernten: Knollen mit der Grabegabel ausgraben, Lagerung bei über 10 °C
Genießen: wie Kartoffeln, aus der Pfanne, als Pommes, Eintopf, Cremesuppe

Schicke Kollegen

'Beauregard': herz- bis pfeilförmige dunkelgrüne Blätter, Knollenschale orange, frühe Sorte
'Evangelina': geschlitzte dunkelgrüne Blätter, im Austrieb lila, Knollenschale violettrot
'Tricolor': ahornblättrig, dreifarbig, Grün mit Magenta und Weiß, Knollenschale hellbraun, früh

In Szene gesetzt

- Pflanzen Sie sie an Beetecken oder Rändern, aber auch als Bodendecker, wo Platz ist. Der Blattschmuck ist dauerhaft von Mai bis Oktober. Die großen Trichterblüten erinnern an Prunkwinden.
- Am schönsten sind Sorten mit dunkellila oder dreifarbigem Laub.
- Mit ihren kriechenden Trieben sind sie ein hübscher Bodendecker, der in den Beetflächen das Unkraut klein hält. Sie sind das Fußvolk zu hohen Stauden wie Sommerastern oder einjähriger Sommerblumen wie Kosmeen und Zinnien.

Auch die dekorativen Sorten der Süßkartoffeln setzen Knollen an. Ihre Blätter sind essbar wie Spinat.

Zucchini – dreifach schön

Cucurbita pepo convar. *giromontiina*

Zucchinipflanzen bieten uns auch riesige Schmuckblätter, ähnlich wie Rhabarber, nur wachsen sie einjährig. Mit ihnen können Sie jedes Jahr einen neuen Platz verschönern. Die Zucchinipflanzen beginnen mit einem kleinen Samen im Topf, ins Beet pflanzt man sie, wenn es Ende Mai warm bleibt. Die Pflanzen werden etwa 60 bis 80 cm hoch, dafür breitbuschig, aber ohne Ranken wie die Kürbisse. Eine Pflanze bedeckt ausgewachsen locker einen Quadratmeter. Die dunkelgrünen glänzenden Blätter sind mehr oder weniger gezackt oder tief eingebuchtet wie riesige Feigenblätter. Je nach Sorte haben die Blätter wenige oder große silbrige Flecken. Die gelben Riesenblüten verbergen sich etwas unter den Blättern. Aus den weiblichen Blüten entstehen die walzenförmigen hellgrünen, dunkelgrünen oder leuchten gelben Früchten. Damit gehören die Zucchini zum dreifach schicken Gemüse.

KURZ & BÜNDIG

Pflanzenhöhe: 40 bis 60 cm
Säen: große Samen einzeln in Anzuchterde in Töpfen ab Mitte April, oder Jungpflanzen kaufen
Pflanzen: im Abstand von 80 × 80 cm bis 100 × 100 cm, Ende Mai/Anfang Juni
Pflegen: bei Trockenheit gießen, sonst können Früchte bitter werden, junge Pflanzen vor Schnecken schützen
Boden: Lehm, Ton
Nährstoffbedarf: hoch
Zeit im Beet: Ende Mai bis Anfang September, nach kühlen Nächten mit Tau Blätter mit Mehltau
Ernten: junge Früchte mi dem Messer mit Stiel abschneiden, wenn 15 bis 20 cm lang
Genießen: ganz jung roh, sonst für Schmorgemüse, mediterrane Gemüsegerichte aus der Pfanne, gedünstet und in Öl mariniert

Schicke Kollegen

'Alberello di Sarzana': Blatt silbrig gefleckt, offener Wuchs, Früchte hellgrün
'Cocozelle von Tripolis': kräftige Pflanzen, lange, dunkelgrüne, gestreifte Früchte
'Soleil F1': auffallende gelbe Früchte, widerstandsfähig gegen Mehltau

In Szene gesetzt

- Eine Zucchinipflanze kann in einem Beet der Mittelpunkt sein, ihre Wuchsform eignet sich für die Gestaltung von kreisförmigen Beeten.
- Freilandtomaten im Hintergrund und Mangold mit gelben Stielen sind passende Gemüsebegleiter. Sie haben die gleichen Nährstoffansprüche.
- Blumige Nachbarn sollten nicht zu zart sein, sondern sich wie Ringelblumen oder Kapuzinerkresse gegen die Zucchiniblätter behaupten können. Hohe Sonnenblumen oder Dahlien pflanzen Sie hinter die Zucchini.

Zucchini wachsen zu großen Solitärpflanzen heran wie Kürbisse, sie ranken aber nicht.

Hübsche Gemüseblüten

Manche Gemüse sehen wir nie blühen, da sie vorher geerntet werden. Manche Gemüse müssen blühen, damit wir ihre Früchte ernten können. Schauen Sie, wie bemerkenswert Gemüseblüten sind! Sie sind zudem insektenfreundlich.

Inspiration: Der Gärtner und sein Koch

Wie ein verwunschenes Schloss sieht der Wasserturm aus, der auf dem einstigen Industriegelände am Rande von Dordrecht steht und jetzt ein Hotel beherbergt. Genau wie das alte Pumpenhaus, in dem jetzt ein Café-Restaurant und ein Markt untergebracht sind. Dazwischen liegt der große Küchengarten.

Vor dem Restaurant wachsen Meerkohl und Buschbohnen im Beet.

Die Villa Augustus liegt an der Oranjelaan in Dordrecht. 2002 beschloss die Gemeinde Dordrecht, das alte Industriegebiet zu einem neuen Stadtteil zu entwickeln. Der Wasserturm von 1882 und das alte Pumpenhaus waren verfallen und nicht mehr in Gebrauch. Die drei Unternehmer Daan van der Have, Dorine de Vos und Hans Loos bekamen den Auftrag, mit ihrer Erfahrung mit Gastronomiekonzepten die Gebäude und die Gartenflächen zu planen. Die drei Freunde und Eigentümer der Villa Augustus setzten sich mit Herzblut an die Umsetzung. Es war kein billiges Unternehmen, die historischen Gebäude umzubauen. Auf dem insgesamt 1,8 ha großen Gelände findet der Besucher einen Obstgarten, einen italienischen Garten und einen Waldgarten, das Herzstück zwischen den beiden Gebäuden bildet der Küchengarten.

Vom Garten in die Küche, direkt auf den Teller

Nach den Vorstellungen des Eigentümertrios sollte es ein Garten werden, aus dem man essen kann, der schön aussieht, gut duftet und somit alle Sinne anspricht. Besucher können im Garten die Jahreszeiten erleben, die Sonne, die Wolken und den Regen fühlen. Der biologisch bewirtschaftete Küchengarten ist das Ergebnis aus vielen Jahren Experimentierens und Erfahrung. Die große Fläche wurde in rechteckige Beete aufgeteilt, in denen immer eine Gemüseart angebaut wird. Zwei diagonale Wege durchschneiden die große Beetfläche. Auf den breiten befestigten Wegen dürfen die Besucher spazieren gehen und den Garten genießen. Schmale getrampelte Wege werden von den Gärtnern zur Pflege der Beete genutzt. Der Garten ist von einer Mauer um-

Ein Gemüsegarten, der die Küche inspiriert, und eine Küche, die den Garten inspiriert.

geben, die aus Steinen von den Abbrucharbeiten der alten Wasserbecken erbaut wurde. Sie gibt dem Garten ein besonderes Kleinklima.

Zu Beginn des Gartenjahres werden die Beete mit Kompost gedüngt. Vom Frühjahr bis zum Winter wird im Küchengarten alles angebaut, was im niederländischen Klima gedeiht. Die Sorten werden nach Qualität und Aroma ausgewählt, vom Garten gehen sie direkt in die Restaurantküche oder den Markt der Villa Augustus. Dort kann man sie frisch zubereitet genießen oder kaufen für die eigene Küche. Die Karte des Restaurants wechselt in ihrem Angebot mit der saisonalen Ernte aus dem Garten. Eigentlich müsste jeder Gärtner einen Koch haben – oder jeder Koch einen Gärtner.

Die restaurierten Frühbeetkästen werden für den Anbau von Frühgemüse wie Salate, Rucola, Senf und Kerbel genutzt. Im Sommer wachsen Kartoffeln, Spinat, Bohnen, Erbsen und Kürbisse in den Beeten. Über das Jahr wird der Küchengarten immer üppiger, er hat seinen Höhepunkt ab August. Dann hat der spektakulär aussehende Palmkohl seine Glanzzeit, die Cardy, Wirsing und Spitzkohl, das alles kombiniert mit essbaren Blumen wie Kapuzinerkresse, Dahlien, Kornblumen und Zinnien. Rosen, Lavendel und Katzenminze säumen längs die Beete.

An der Südmauer wächst das Spalierobst in kunstvoll geschnittenen Formen wie Kandelaber oder Palmetten. Auf der Terrasse des Restaurants stehen Zitrusgewächse in Töpfen. Der Garten bringt verschiedene Ziele zusammen: die saisonale Gemüseernte, das Genießen von frischem Gemüse im Restaurant, einem Treffpunkt unterschiedlicher Menschen. Es ist herrlich, hier auf der Terrasse zu sitzen und drinnen den Köchen, draußen den Gärtnern bei ihrem Werk zuzusehen.

Cardy – die Stachelige

Cynara cardunculus

Die stattliche Distelpflanze unterscheidet sich kaum von ihrer Schwester, der Artischocke. Die Cardy-Blüten sind kleiner und bilden keinen fleischigen Blütenboden. Wer Cardy für die Küche anbauen möchte, erntet die gebleichten Blattstiele und das Herz der Pflanzen. Damit die Stiele zarter werden, binden Sie die Pflanzen im Herbst zum Bleichen am besten zusammen. In der Schweiz sind sie als Gratin zubereitet ein typisches Wintergemüse. Schöner ist allerdings, die Distelpflanze ab dem zweiten Jahr blühen zu lassen. Von Juli bis September öffnen sich an hohen verzweigten Blütenstielen die lila Distelblüten, ein traumhafter Landeplatz für Schmetterlinge. Gut lassen sich die solitären graulaubigen Pflanzen mit Gräsern, den herbstblühenden Glattblatt- und Raublattastern (*Symphyotrichum*) und den lang blühenden Kosmeen umgeben.

KURZ & BÜNDIG

Pflanzenhöhe: 80 bis 200 cm
Säen: Samen einzeln im Topf vorziehen ab März, Jungpflanzen kaufen
Pflanzen: im Abstand von 80 × 80 cm, Mitte Mai/Anfang Juni
Pflegen: bei Jungpflanzen auf Befall mit schwarzer Bohnenlaus achten
Boden: humoser Sand, Lehm
Nährstoffbedarf: mittel
Zeit im Beet: Mai bis Ende Oktober, kann in wintermilden Regionen mit Abdeckung überwintern
Ernten: im Herbst Blattrosetten zum Bleichen zusammenbinden, Blätter am Grund abschneiden
Genießen: die gebleichten Blattrippen schälen, als Gratin, Auflauf, mit Käse überbacken

Schicke Kollegen

'Epineux argente de plainpalais': alte Sorte, aufrecht stehende Blätter, stachelig
'Bianco Avorio': Blätter und Stiele ohne Stacheln

In Szene gesetzt

- Cardys sind nicht sehr frosthart und benötigen einen Wintermantel aus Laub oder Stroh. Die Stauden werden von Jahr zu Jahr kräftiger und blühen fleißiger.
- Cardys sind mit ihren grauen Blattrosetten die Hauptdarsteller in einem Sonnenbeet. Sie können auch in zweiter Reihe stehen, denn der Blütenstiel überragt niedrige Pflanzen. Eine Pflanze benötigt 1 m^3 Platz.
- Das Abschneiden der ausgeblühten Blütenstiele spart den Pflanzen Kraft und fördert das Blattwachstum. Lassen Sie einzelne Blüten stehen, es entwickeln sich dekorative haarige Samenstände.

Cardy sind den Artischocken zum Verwechseln ähnlich. Sie verteidigt den Schnitt der blauen Distelblüten wehrhaft mit ihren Dornen.

Dicke Bohnen – die Frühaufsteher

Vicia faba

Ihre kulinarischen Qualitäten sind vergessen, ihre Bohnenkerne gelten als grob und mehlig. Kaum ein Gemüseliebhaber registriert, wie Dicke Bohnen vor der Hülsenente blühen. Um in den Genuss der dekorativen Qualitäten zu kommen, starten Sie im März mit der Aussaat von Dicke Bohnen ins Gemüsejahr. Die Bohnen vertragen, wenn es nochmal frostig wird. Dicke Bohnen blühen früh ab Anfang Juni. An den hohen eckigen Stängeln bilden sich büschelweise weiße Schmetterlingsblüten. Die meisten Sorten tragen einen schwarzen Fleck auf den Flügeln und sind dunkel geadert. Hummeln lieben die Blüten der Dicken Bohnen. Sie betätigen sich jedoch häufig als Nektardiebe, beißen die Blütenröhren am Ende auf, da ihr Saugrüssel für die Blüten zu kurz ist. Die grünen Bohnenhülsen stehen aufrecht oder hängen an den Pflanzen herab. Zur Trockenreife färben sich die Hülsen schwarz.

KURZ & BÜNDIG

Pflanzenhöhe: 60 bis 110 cm
Säen: drei Samen pro Pflanzstelle, ab Mitte März, auch Vorkultur im Topf
Pflanzen: im Abstand von 20 × 40 cm, Ende März/Anfang April
Pflegen: bei Befall mit Schwarzer Bohnenlaus Sprossspitzen abschneiden
Boden: humoser Sand, Lehm, Ton
Nährstoffbedarf: mittel
Zeit im Beet: April bis Ende Juli, ohne Bohnenernte bis Ende August
Ernten: ausgewachsene Hülsen ab Juni abpflücken
Genießen: grünes, frisches Korn als Gemüse, abgekocht in Bohnensalaten, püriert als Brotaufstrich

Schicke Kollegen

'Crimson Flowered': Blüten magentarot, kurze Hülsen aufrecht, mit drei bis vier Samen, zierlich
'Dreifach Weiße': rein weiße Blüten, Blätter graugrün bereift, mittelhoch
'Robin Hood': Blüten weiß mit schwarzen Flecken, Blätter graugrün bereift, kompakter Wuchs

In Szene gesetzt

- Pflanzen Sie Dicke Bohnen als Einjährige in ein Farbbeet für weiße Blütenpflanzen oder in Kombination mit grau- und silberlaubigen Pflanzen. Gute Partner sind einjähriges Bohnenkraut, rotblättrige Melde, rotblättrige Salatsorten.
- Bevorzugen Sie kompakte Sorten, sie bleiben standfest. Die hohen Sorten pflanzen Sie in Gruppen zusammen oder stützen die Reihen mit Schnüren oder Weidengeflecht.
- Auch die dicken graugrünen Blätter der Bohnen zeigen dekorative Qualitäten.

In Schwarz-Weiß oder Magentarot, die Lippenblüten ziehen Hummeln an. Wenn sie nicht an den Nektar gelangen, beißen sie die Blüten auf.

Erbsen – die Sympathischen

Pisum sativum

Frische Erbsen und Zuckerschoten sind ein Luxus aus dem eigenen Garten. Als hohe Pflanzen mit dünnen Sprossen und Blattranken benötigen sie eine Stütze. Wählen Sie eine dekorative Rankhilfe aus, je eleganter, desto besser. Sie soll ein Blickfang im Beet sein und prägendes hohes Element in der Gartengestaltung. Zur Auswahl stehen als Naturmaterial Haselnussruten, braunrostige Baustahlmatten oder andere Obelisken mit dünnen Stützen. Eine Reihe hoher Erbsen kann ein Beet optisch unterteilen oder dient als Hintergrund für blumige Begleiter. Bei den Blütenfarben der Erbsen habe Sie die Auswahl zwischen weißen oder rosa-lila Schmetterlingsblüten. Die farbigen Erbsenblüten erinnern an Duftwicken. Nach der Blüte wächst als Fruchtschmuck die Erbsenhülse, die grün, buttergelb oder sogar dunkelblau sein kann.

KURZ & BÜNDIG

Pflanzenhöhe: 40 bis 180 cm
Säen: ins Beet, an Rankgitter, alle 10 bis 15 cm, 2 bis 3 Korn, 3 bis 5 cm tief, Ende März/Mitte April
Pflanzen: bei Vogelfraß und Schneckenalarm Voranzucht in Töpfen, Mitte März
Pflegen: junge Pflanzen an das Rankgitter heranleiten
Boden: Lehm, Ton
Nährstoffbedarf: niedrig, haben Knöllchenbakterien
Zeit im Beet: April bis Ende Juli, bei Reife der Hülsen stirbt die Pflanze ab
Ernten: Hülsen jung abpflücken, desto besser blühen sie nach
Genießen: Zuckererbsen als ganze Hülse, frisch gepuhlte Erbsen, als Gemüse

Schicke Kollegen

'Blauwschokker': Blüte lila-rosa, Hülsen blaulila, Erbsen grün, 120 bis 150 cm hoch, alte Sorte
'Golden Sweet': Blüte lila-rosa, Hülsen buttergelb, mit 6-8 Korn, 150 bis 180 cm hoch, Zuckererbse, alte Sorte
'Graue Buntblühende': Blüte lila-rosa, Hülsen grün, Zuckererbse, 100 bis 120 cm hoch, alte Sorte
'Kleine Rheinländerin': Blüten weiß, grüne lange Hülsen, süße Erbsen, nur 40 bis 50 cm hoch

In Szene gesetzt

- Die Wahl eines schmucken Rankgerüstes wertet den gesamten Garten auf. Es gibt Schöneres als Hühnerdraht.
- Durch ihre Fiederblätter und Ranken wirken die Erbsenreihen licht und durchlässig, geben einen transparenten Sichtschutz ab.
- Gute Partner zu Füßen der Erbsen sind weiß oder blau blühende Hornveilchen, frühe Salate, Spinat und Möhren mit ihrem feinen Laub.

Alte Erbsensorten blühen wie Wicken in Rosa-lila statt Reinweiß, ein Schmuck für jedes Rankgitter.

Feuerbohnen – die Blumigen

Phaseolus coccineus

Ihr Name besagt es schon, sie sind eher blühende Kletterpflanzen als Gemüse. Feurig scharlachrot sind ihre Blüten, die an langen Stielen an der windenden Pflanze entstehen. Früher wurden diese sogar als Schnittblumen genutzt. Einige Sorten blühen reinweiß, 'Sunset' hellrosa und wenige Sorten bilden zweifarbige Blüten mit roter Fahne und weißem Schiffchen. Als schnellwüchsige einjährige Kletterpflanze bewächst sie kahle Wände, Zäune oder Wigwams aus 3 m langen Bambusstangen. Auch ein Rosenbogen, Pergola oder Laubengänge werden in einem Jahr eingenommen. Die Triebe werden locker über 3 m lang, müssen sich nur gegen den Uhrzeigersinn um eine nicht zu dicke Stütze herumwinden können. Die Blüten stehen über dem Laub, denn sie wollen von Insekten, meist Hummeln, bestäubt werden. Blühende Kapuzinerkresse zu den Füßen der Bohnen lockt die Bestäuber an.

KURZ & BÜNDIG

Pflanzenhöhe: 50 bis 400 cm
Säen: drei bis fünf Samen im Topf vorziehen ab Anfang April, ab Mitte Mai direkt um die Stangen, an das Rankgerüst
Pflanzen: im Abstand von 10 × 10 cm, Ende Mai/Anfang Juni
Pflegen: für kühle Regionen, bei trockenem Wetter gießen, sonst rieseln die Blüten ab
Boden: Lehm, Ton
Nährstoffbedarf: mittel
Zeit im Beet: Mai bis Ende September
Ernten: junge Hülsen, halbreife Hülsen oder reife Kerne
Genießen: als Schnippelbohne, für Suppen, Eintöpfe, als Bohnengemüse

Schicke Kollegen

'Hestia': Blüten rot-weiß, buschförmiger Wuchs bis 45 cm, Hülsen grün, für Hanging Baskets, Einfassungen
'Lady Di': Blüten leuchtend rot, lange Hülsen grün, Korn violett, schwarz gesprenkelt, über 3 m
'Preisgewinner': Blüte leuchtend scharlachrot, grüne, sehr lange Hülsen, Korn violett, schwarz gesprenkelt, über 3 m
'St. George': Blüten rot-weiß, lang grüne Hülsen, Korn weiß mit braunen Sprenkeln, über 3 m

In Szene gesetzt

- Überlegen Sie gut, wo das hohe Bohnenrankgerüst im Garten aufgestellt wird. Drei bis fünf Pflanzen können sich auch an einzeln gesetzten senkrechten Stangen in die Höhe winden.
- Wenn Sie viel Platz im Garten haben, pflanzen Sie mehrere Sorten mit verschiedenen Blütenfarben. Die großen Samen sind ebenfalls dekorativ, rosa mit schwarzen Sprenkeln oder cremeweiß mit braunen Sprenkeln.
- Feuerbohnen sind stark genug, um mit anderen Kletterern wie Ziergurken, Prunkwinden oder kleinfruchtigen Zierkürbissen an einer Kletterhilfe zu wachsen.

Die Feuerbohnen mit ihren leuchtend roten Blüten waren schon immer mehr Blütenschmuck als Gemüse.

Haferwurzel – das rosa Auge

Tragopogon porrifolius

Von der Aussaat bis zur Ernte im Herbst und Winter bietet die Hafer- oder Weißwurzel, wie sie auch genannt wird, uns blaugrüne, aufrecht stehende gekielte Blätter und ein schmackhaftes Wurzelgemüse. Den Geschmack der aromatischen Wurzeln, die wie Schwarzwurzeln zubereitet werden, sollte man sich nicht entgehen lassen. Ein paar Pflanzen lassen Sie über Winter stehen. Die Wurzeln sind völlig frosthart. Erst im zweiten Frühling überrascht uns die Haferwurzel mit ihrer ungewöhnlichen Blüte. Die Blütenstängel werden über einen Meter hoch und verzweigen sich. Ab Mitte Mai öffnen sich die sternförmigen intensiv rosafarbigen Blüten mit ihren gelben Staubgefäßen. Hier landen gerne verschiedene Insekten. Gegen Mittag schließen sich die Blüten. Im Juni entwickeln sich als Samenstand dicke Pusteblumen. Die stäbchenförmigen Samen schweben an einem großen Fallschirm durch den Garten.

KURZ & BÜNDIG

Pflanzenhöhe: 30 bis 40 cm, mit Blüten 100 bis 120cm
Säen: ab Ende März in Reihen ins Beet
Pflanzen: Wurzeln nach dem Winter im Abstand von 30 × 30 cm, Anfang März
Pflegen: Boden lockern vor der Aussaat
Boden: humoser Sand, Lehm
Nährstoffbedarf: mittel
Zeit im Beet: März bis Juni der folgenden Jahres, über Winter einlagern
Ernten: Wurzeln im Herbst/Winter mit der Grabegabel ausgraben, Lagerung in feuchtem Sand frostfrei
Genießen: als Wurzelgemüse, in Pfannengerichten, im Eintopf, als Cremesuppe

Schicke Kollegen

'Sandwich Island': einzige Namenssorte, gerade Wurzeln

Von der Haferwurzel gibt es keine weiteren Sorten-Kollegen. Das alte, fast vergessene Wurzelgemüse wurde lange Zeit nicht als Saatgut angeboten. Einige Bio-Saatgut-Anbieter haben sie im Sortiment. Wichtig ist die Auslese auf unverzweigte Wurzeln, wenn man sie nutzen will.

In Szene gesetzt

- Legen Sie über Winter ein paar Wurzeln in Kisten mit feuchtem Sand zurück und pflanzen diese im folgenden Frühjahr.
- Die faustgroßen Pusteblumen sollten Sie sich als Schmuck nicht entgehen lassen. Und heben Sie das Saatgut auf, es keimt besser als gekauftes.
- Gute Partner im Gemüsebeet sind Salate, frühe Kohlrabi und Porree. Mit ihrer Blütenfarbe passt der Purpur-Bocksbart, wie die Haferwurzel auch genannt wird, zu gelben Blüten, zwischen Katzenminzen und einem steppenartigen Gräsermeer.

Ihre Schönheit erblüht erst im zweiten Jahr, dann öffnen sich im Mai die großen rosa Blüten mit gelben Staubgefäßen.

Kartoffeln – alte Lieblinge

Solanum tuberosum

Sie hat ihre Karriere als Blütenpflanze in den Blumengärten der Renaissance begonnen. Erst rund 200 Jahre später wurden ihre nahrhaften, unter der Erde wachsenden Knollen gegessen. Die bunten Schalen in Gelbbraun, Rot bis Dunkelblau entdeckt man erst nach der Ernte. Moderne Kartoffelsorten haben das Blühen fast verlernt, deshalb nimmt man ihre Blüten kaum zur Kenntnis. Manche Sorten blühen im Sommer ab Mitte Juni reichlich und lange. Das Farbspektrum der Blüten reicht von reinweiß über rosa, lila bis zu blauen Farbtönen und zweifarbigen, teils sogar gefüllten Blüten. Leider lässt sich von der Schalenfarbe der Knollen nicht auf die Blütenfarbe schließen, sodass sie meist eine Überraschung wird. Die Blüten stehen gut sichtbar über dem Kartoffellaub. Kartoffeln lassen sich gut in größeren Töpfen anbauen.

KURZ & BÜNDIG

Pflanzenhöhe: 30 bis 60 cm
Säen: vorgekeimte Knollen ab Ende April pflanzen, 20 cm tief pflanzen
Pflanzen: im Abstand von 30 × 35 cm, Mitte April/Mitte Mai
Pflegen: bei Trockenheit gießen
Boden: humoser Sand, Lehm
Nährstoffbedarf: mittel
Zeit im Beet: Mai bis Anfang September
Ernten: Knollen mit der Grabegabel ausgraben, Lagerung bei über 4 °C
Genießen: vielseitig, gekocht, gebraten, als Püree, Suppe, als Pommes, gemischt mit anderem Gemüse

Schicke Kollegen

'Blaue Donau': Blüten lila-rosa, auf langen Stielen, lange Blütezeit, Laub dunkelgrün, Stängel rotbraun, Knollenschale blau, Fleisch gelb
'Heideniere': Blüten hellrosa, Laub grün, Stängel grün, Knollenschale gelb, Fleisch gelb
'Red Duke of York': Blüten zweifarbig, weiß mit rosa Stern, Blätter grün-rot mit dunklen Stängeln, Knollenschale dunkelrot, Fleisch gelb

In Szene gesetzt

- Die Knollen der Kartoffeln können Sie in jedes Beet pflanzen, am besten in Gruppen von drei bis fünf Pflanzen. Kartoffeln mögen es nicht, von anderen Pflanzen bedrängt oder überwachsen zu werden. Daher mit Partnern etwas Abstand halten.
- Bei blauschaligen Sorten sind oft Stängel und Blätter dunkel gefärbt, was ihren Zierwert erhöht.
- Als Partner machen sich Dicke Bohnen, Pastinaken und Süßkartoffeln als Bodendecker gut. Im Hintergrund halten sich Mais und hohe Sonnenblumen. Zwischen den Reihen dürfen bunte Zinnien und hohe Tagetes stehen.

Ihre Karriere begann als Blütenpflanze in Renaissance-Rabatten, heute sind ihre Knollen für uns Gourmetgemüse.

Meerkohl – der Strandläufer

Crambe maritima

Ich bin hin- und hergerissen, soll er unter Blütenfülle oder Blattschönheiten präsentiert werden? Der Meerkohl performt in mehreren Kategorien. Früh im Jahr erscheinen seine graugrünen, gewellten Blätter. Sie scheinen wie mit Kerzenwachs überzogen, so dick und silbrig sind sie. Die Kohlblätter breiten sich über dem Boden aus. Die stämmigen Blütenstiele stehen straff aufrecht über den Blattrosetten. Sie erscheinen für ein Gemüse auch schon früh Mitte Mai. Es entfaltet sich ein doldenähnlicher Blütenstand mit einer Fülle dicht stehender weißen Einzelblüten. Die Blüten duften nach Honig und ziehen zahlreiche Insekten an. Für die Nutzung als Gemüse stülpen Sie ab Ende März einen Treibtopf über die Pflanzen. Ernten Sie die gebleichten jungen Blattstiele und Blätter wie jungen Spargel. Meerkohl wächst mehrjährig und wird wie Spargel von Jahr zu Jahr kräftiger.

KURZ & BÜNDIG

Pflanzenhöhe: 30 bis 60 cm
Säen: ab März, dicke Samen keimen langsam, besser Jungpflanzen kaufen oder Wurzelstecklinge nutzen
Pflanzen: im Abstand von 40 × 60 cm, April/Mai
Pflegen: für durchlässigen Boden, Wasserabzug sorgen
Boden: humoser Sand, Lehm
Nährstoffbedarf: mittel
Zeit im Beet: mehrjährige Staude
Ernten: im Frühjahr gebleichte Blattstiele und Blätter wie Spargel
Genießen: wie Spargel, blanchiert

Schicke Kollegen

'Lilywhite': wird in Großbritannien als Sorte angeboten, wie die Art
Meerkohl wurde wahrscheinlich einfach vom Strand in den Garten versetzt. So waren die Wege zur Küche kürzer und man konnte die Triebe einfacher durch Überstülpen von Tontöpfen bleichen.
Crambe cordifolia: wer es noch bombastischer mag, herzblättriger Blütenkohl oder Riesenschleierkraut, große grüne Blätter, weiße Blüten, Blütenstand bis 2 m hoch, Blüte Juni/Juli
Crambe tatarica: Tatarischer Meerkohl, rotgrüne Blätter, weiße duftende Blüten, Blütenstand bis 60 cm hoch

In Szene gesetzt

- Meerkohl kann uns an einem Platz im sonnigen Stauden- oder Kiesbeet über 10 Jahre begleiten.
- Pflanzen Sie Meerkohl einzeln oder in kleinen Gruppen von drei Pflanzen. Als mehrjähriges Gemüse passt er im Beet zu Spargel, Artischocken und Staudenfenchel.
- In einem sonnigen Kiesbeet mit wasserdurchlässigem Boden passen Goldmohn (*Eschscholzia californica*) mit seinen kräftig orangefarbigen Blüten dazu, gelb blühender Goldlauch und Schnittlauch als Einfassungspflanze.

Wie Spargel werden vom Meerkohl im Frühling die gebleichten Triebe gegessen. Danach widmet er seine duftenden Blüten den Bienen.

Möhre – die Wilde

Daucus carota ssp. sativus

Da wir die Wurzeln im Herbst ausgraben und aufessen, bekommen wir ihre Blüten nur durch Zufall zu Gesicht. Zuerst wachsen die Möhrenblätter mit ihrem farnartigen fiedrigen Laub. Ausgesät dauert es bis Juli, bis sich das Möhrenlaub stark entwickelt hat. Um blühende Möhren zu bekommen, pflanzen Sie im Frühjahr ausgewachsene Möhren vom Vorjahr in die Erde, oder kaufen Sie Lagermöhren auf dem Markt. Pflanzen Sie diese reihenweise oder im Drubbel zu drei bis fünf Möhrchen ein, sodass der grüne Kopf aus der Erde schaut. Die Wurzeln bilden frisches Laub, im Mai wächst der verzweigte Blütenstiel mit vielen weißen Blütendolden. Die Hauptdolden werden bis zu Handteller groß. Als Kontrast zu den weißen Einzelblüten steht in ihrer Mitte eine schwarzrote sterile Blüte. Auf den Dolden tummeln sich Fliegen, Bienen und Käfer. Nach der Blüte sind die Samenstände ein Schmuck, die sich wie eine Faust zusammenkrallen.

KURZ & BÜNDIG

Pflanzenhöhe: 25 bis 30 cm, blühend im zweiten Jahr 80 bis 120 cm
Säen: direkt in Reihen, 1 bis 2 cm tief, März bis Mai
Pflanzen: für die Blüte gelagerte oder gekaufte Möhren Anfang März nach dem Frost
Pflegen: hohe Blütenstiele anbinden
Boden: humoser Sand, Lehm
Nährstoffbedarf: mittel
Zeit im Beet: April bis Ende Oktober, mit späten Sorten und Nachsaat, blühend und mit Samen März bis August
Ernten: Wurzeln mit der Grabegabel ausgraben, Juli bis Anfang November, in Sand einlagern
Genießen: frisch als Rohkost und gerieben in Salaten, Möhrengemüse, Eintopf, Auflauf, in Brot und Kuchen, Saft

Schicke Kollegen

'Dara': blüht im ersten Jahr, wie Wildmöhre, Schnittblume, Blütendolden weinrot, rosa, violett, ebenso die Sorte 'Purple Kisses'
'Robila': weiße Blütendolden mit schwarzer Mittelblüte im zweiten Jahr, Möhre orange, gut zu lagern
'Purple Haze': Blütendolden weißrosa, im zweiten Jahr, Möhre lila, innen orange

In Szene gesetzt

- Unterteilen Sie ein quadratisches Beet mit einer diagonal ausgesäten Reihe Möhren. Oder pflanzen Sie verschiedenfarbige und -blättrige Salatsorten zwischen den ausgesäten Möhrenreihen.
- In windigen Regionen ist es ratsam, die hohen Blütenstiele der Möhren anzubinden.
- Pflanzen Sie ein paar Möhren in die Aussaat einer bunten Blumenwiesenmischung und leichten Federgräsern (*Stipa*).

Hübsche Doldenblütler sind rar unter den Stauden. Mit der Möhrenblüte können wir uns dekorative weiße oder rosa Blütendolden pflanzen.

Pastinake – die Urwüchsige

Pastinaca sativa

Ihr grobes grünes Laub wächst langsam, dann steht es bis zum Herbst wie Maggikraut herum. Die Wurzeln legen in ihrem Wachstum erst im Herbst richtig zu, aber das spielt sich unsichtbar unter der Erde ab. Die mattweiße Wurzel gewinnt auch keinen Schönheitspreis, schmeckt aber sehr gut. Die Blüten bilden sich erst im zweiten Kulturjahr. Die Pastinakenwurzeln sind frosthart, sie können im Beet stehen bleiben. Aber die Mäuse könnten das als Weihnachtsbüfett missverstehen. Lagern Sie die Wurzeln besser in Eimern mit Erde im Schuppen. Ab März pflanzen Sie sie an die Stellen aus, an denen Sie ihre hohen Blütenstiele bewundern möchten. Erst entwickelt sich frisches Laub, im Juni streckt sich der Blütenstiel in die Höhe. An einem Blütenstiel entstehen mehrere Dolden. Hier landen zahlreiche Insekten, von der Schwebfliege bis zum Käfer. Die gelbgrüne Blütenfarbe findet man selten unter den Doldenblütlern.

KURZ & BÜNDIG

Pflanzenhöhe: 35 bis 40 cm Laub, blühend im zweiten Jahr 80 bis 150 cm
Säen: Anfang April/Anfang Mai,
Pflanzen: überwinterte oder gekaufte Wurzeln im Abstand von 30 × 30 cm, Ende März/Anfang April
Pflegen: Boden tief auflockern vor der Aussaat
Boden: humoser Sand, Lehm
Nährstoffbedarf: mittel
Zeit im Beet: April bis Dezember, Wurzeln winterhart, aber Mäusefraß, im zweiten Jahr bis August
Ernten: Wurzeln mit der Grabegabel ausgraben, Lagerung frostfrei in Kisten mit Erde oder Sand
Genießen: als Gemüse, im Eintopf, als Cremesuppe, Gemüsechips

Schicke Kollegen

'Aromata': gelbgrüne Blütendolden, Wurzel cremefarbig, aromatisch süß
'Halblange Weiße': gelbgrüne Blütendolden, Wurzeln cremeweiß, keilförmig
'Schleswiger Schnee': gelbgrüne Blütendolden, Wurzeln glattschalig, weiß

In Szene gesetzt

- Die eingelagerten Pastinakenwurzeln können Sie ab März an die Stellen pflanzen, wo sie blühen sollen. Sie frischen schattige, auch feuchtere Gartenecken auf.
- Die gelbgrünen Blütendolden leuchten am schönsten vor dunklem Laub immergrüner Gehölze. Die Samenstände stehen bis August in den Beeten.
- Schnittlauch, Koriander, Borretsch oder Kapuzinerkresse können zu Füßen der Pastinaken blühen.

Die gelbgrünen Blütendolden der Pastinake sind ein beliebter Landeplatz für Käfer und Schwebfliegen.

Porree – der Aufrechte

Allium porrum

Zierlauche und Porree gehören zur gleichen Pflanzenfamilie. Der Gemüselauch bildet keine ausgeprägte Zwiebel, sondern einen gebleichten Schaft aus zusammenstehenden Blättern, den wir als Lauchstange nutzen. Im ersten Jahr wachsen Blätter und Schaft, das dauert schon ziemlich lange von Mai bis Oktober. Alle Lauchgewächse sind nicht die Schnellsten, was Keimung und Wachstum betrifft. Aber die zweizeilig stehenden, gefalteten Blätter sind auch im ersten Jahr dekorativ. Porree beglückt uns erst im zweiten Wachstumsjahr mit seinen dicken Blütenkugeln. Die Blütezeit reicht von Juni bis Juli. Am Ende eines kahlen runden Stieles steht der faustgroße Blütenball. Die Blütenkugel besteht aus Hunderten kleinen Einzelblüten, die sich nach und nach öffnen. Sie werden von Bienen, Wespen, Fliegen und Käfern umschwirrt. Die Farbpalette reicht von hell- bis dunkellila und cremeweiß.

KURZ & BÜNDIG

Pflanzenhöhe: 40 bis 50 cm, mit Blütenstiel im zweiten Jahr 100 bis 120 cm
Säen: April bis Mitte Mai, Vorkultur im Beet
Pflanzen: im Abstand von 15 × 20 cm, Mitte Juni/Anfang Juli
Pflegen: bei Befall mit Porreefliege Blätter zurückschneiden
Boden: Lehm, Ton
Nährstoffbedarf: mittel
Zeit im Beet: Mai bis Dezember, kann im Beet überwintern, im zweiten Jahr mit Blüte bis August
Ernten: Porree mit der Grabegabel ausgraben, Blätter und Wurzeln stutzen
Genießen: als Gemüse, Eintopf, in Gemüsesuppen

Schicke Kollegen

'Blaugrüner Winter': runde, lila bis rosa Blütenbälle, kräftige blaugrüne Blätter, gute Winterhärte
'De Carentan 3': runde, lila bis rosa Blütenbälle, kurze Lauchstangen, gute Winterhärte
'Herbstriesen': typische runde, lila bis rosa Allium-Blütenbälle, dicke, gedrungene Lauchstangen

In Szene gesetzt

- Porreepflanzen sehen immer ordentlich aus. Je später der Reifezeitpunkt der Sorten, desto blaugrüner sind ihre Blätter. Die Blätter der Sommersorten sind eher grünlich.
- Der Blütenschaft steht gerade und kahl, er verträgt hohe Begleiter wie rosa blühenden Ziertabak, Spinnenblume mit lila Blüten oder Perilla mit dunkelrotem Laub.
- Mit den schmalen Pflanzen lassen sich senkrechte Linien betonen, in langen Beeten gleichmäßige Reihen pflanzen.
- An frei stehenden und windigen Stellen binden Sie die Blütenstiele besser an.

Porreeblüten sind denen der Zier-Alliums zum Verwechseln ähnlich. Die kleinen Blüten stehen in dicken Kugeln zusammen.

Schnittknoblauch – der Falterfreund

Allium tuberosum

Standort und Pflege sind beim Schnittknoblauch wie beim Schnittlauch. Er wächst aber noch langsamer, seine Blätter sind flach statt rund und die Pflanzen höher im Wuchs. Schnittknoblauch ergänzt den Schnittlauch mit seiner späteren Blütezeit von August bis September. Zu einer Zeit, zu der es auch im Staudengarten mit der Blütenfülle spärlicher wird, öffnen sich seine weißen Blütensterne. Die flachen Blütenstände stehen frei über dem Laub, sie bieten sich als Landeplatz für die im Spätsommer umherflatternden Falter von Tagpfauenauge, Admiral und Kleiner Fuchs an. Nach der Blüte entstehen grüne Samenkapseln, die bis zum Herbst auf den drahtigen Stielen stehen bleiben. Blüten und Blätter vom Schnittknoblauch sind essbar. Die Pflanzen sind sehr dauerhaft. Wenn ihr Wuchs schwächer wird, teilt man sie und pflanzt sie neu ein.

KURZ & BÜNDIG

Pflanzenhöhe: 30 bis 45 cm, Blüten stehen über den Blättern
Säen: ab März, oder Pflanzen kaufen
Pflanzen: im Abstand von 25 × 25 cm, Anfang April/Anfang Mai
Pflegen: nach 10 Jahren am gleichen Platz aufnehmen und teilen
Boden: humoser Sand, Lehm, Ton
Nährstoffbedarf: mittel
Zeit im Beet: dauerhaft, mehrjährig
Ernten: Blätter und Blüten als Würzkraut
Genießen: mildes Knoblaucharoma, für Brote, Quark, Salate

Schicke Kollegen

'Kobold': weiße Blütendolden, Wuchs niedrig
'Monstrosum': größere weiße Blütendolden, stärkerer Blattwuchs
'Kiss me': weiße Blütendolden, Wuchs mittelhoch

In Szene gesetzt

- Schnittknoblauch und Schnittlauch als Einfassung im Garten kombiniert ergänzen sich in ihrer Blütezeit.
- Pflanzen Sie Schnittknoblauch in großzügigen Drifts, lange geschwungene Linien oder schmale Flächenpflanzungen, oder Punktpflanzungen mit mehreren Pflanzen zusammen. Bei der Verwendung als Einfassung im Vordergrund denken Sie bitte daran, dass er mit etwa 40 cm höher wächst als Schnittlauch.
- Nutzen Sie Schnittknoblauch als dauerhafte Einfassungspflanze, zur Gestaltung attraktiver Kräuterbeete

Eine Lauchpflanze, die noch im Herbst erblüht, über diese Nektartankstelle freut sich jeder Schmetterling.

Schnittlauch – der Zwiebelzwerg

Allium schoenoprasum

Schnittlauch ist das erste Würzkraut, das im Frühjahr austreibt. Was seinen Standort und Pflege betrifft, sind die Pflanzen gar nicht zickig, sondern pflegeleicht und beständig. Seine Vorzüge werden viel zu wenig geschätzt und für die Gestaltung genutzt. Die runden Blätter sind feingliedrig und schlank. Ende Mai erscheinen dazwischen die dünnen Blütenstiele. Die vielen halbkugeligen Blütenstände bringen bunte Wolken von Rosa, Lila und Weiß ins Gemüsebeet. Die Sorte 'Forescate' wurde speziell wegen ihrer Blütenfülle gezüchtet. Verblühtes schneidet man ab, um die Wüchsigkeit der Pflanzen zu erhalten. Neue Pflanzen gewinnen Sie, indem Sie dichte Horste teilen. Schnittlauchpflanzen können Sie mit Stumpf und Stiel essen, Blätter und Blüten liefern ein zartes, manchmal auch spitzes Zwiebelaroma.

KURZ & BÜNDIG

Pflanzenhöhe: 25 bis 35 cm
Säen: April bis Juni 1 bis 2 cm tief ins Beet, besser Pflanzen kaufen
Pflanzen: im Abstand von 20 × 25 cm, Anfang April
pflegen: bei Trockenheit gießen, kann halbschattig stehen
Boden: humoser Sand, Lehm, Ton
Nährstoffbedarf: gering
Zeit im Beet: dauerhaft, mehrjährig
Ernten: Blätter und Blüten als Würzkraut
Genießen: zarte Zwiebelwürze für Brote, Quark, Salate

Schicke Kollegen

'Forescate': dunkellila Blütendolden, reichblühend, starkwachsend
'Elbe': Blütendolden weiß, mit rosa Hüllblatt, Blätter graugrün bereift
'Staro': lila-rosa, grobes röhriges Blatt, starke Pflanzen

In Szene gesetzt

- Schnittlauch eignet sich bestens als Randeinfassung von Kräuter-, Gemüse- und Staudenbeeten. Die Pflanzen wuchern nicht, sind aber wüchsig und langlebig.
- Als Reihen ins Beet gepflanzt markieren sie scharfe Grenzen und unterteilen große Beete.
- Mit nur 30 cm Pflanzenhöhe steht Schnittlauch im Vordergrund, er kann Schatten vertragen, aber auch durchlässige Böden in der Sonne. Er eskortiert und rahmt andere Stauden oder Kräuterpflanzen.

Die Blüten des Schnittlauchs geben eine würzige Salatdeko. Die Sorten für die Blattwürze sind eher blühfaul.

Schwarzwurzel – die Duftende

Scorzonera hispanica

Richtig dufte wird das Gemüse mit der dunklen Wurzel erst im zweiten Jahr seines Wachstums. Zuerst bildet sich eine Rosette aus schmalen grünen Blättern. Kaum jemand weiß, dass Schwarzwurzeln echte Stauden sind, sie können mehrere Jahre im Beet stehen. Meist ernten wir die Wurzeln im Herbst des ersten Kulturjahres. Bleiben sie im Boden, bilden sie im nächsten Sommer ihre Blütenstiele. Die kahlen Stiele werden bis 120 cm hoch, verzweigen sich und bilden mehrere Blüten pro Stängel. Schwarzwurzeln blühen von Juni bis Juli mit sonnengelben Korbblüten. Sie erinnern an Löwenzahnblüten oder wilden Wiesenbocksbart. Die Blüten öffnen sich morgens und schließen sich in der Mittagshitze. Wer den leichten Duft nach Vanille erschnuppern möchte, muss das vor dem Mittagessen tun. Das Wunderbare an Schwarzwurzeln ist, dass man die Wurzeln auch nach der Blüte noch für die Küche ernten kann.

KURZ & BÜNDIG

Pflanzenhöhe: 30 bis 40 cm, blühend 60 bis 120 cm
Säen: Mitte März bis April direkt ins Beet
Pflanzen: gekaufte Wurzeln ab März
Pflegen: auf Wühlmäuse als Mitesser achten
Boden: Lehm
Nährstoffbedarf: mittel
Zeit im Beet: März bis Dezember, frosthart, mehrjährig
Ernten: Wurzeln sorgfältig mit der Grabegabel ausgraben, nicht abbrechen
Genießen: gekocht als Gemüse, als Auflauf mit Kartoffeln, Sahnesüppchen

Schicke Kollegen

'Hoffmanns Schwarze Pfahl': gelbe Korbblüten, Wurzeln mit schwarzer Schale
'Duplex': gelbe Korbblüten, lange schwarze Wurzeln
'Verbesserte Riesen': gelbe Korbblüten, dicke, lange schwarze Wurzeln

In Szene gesetzt

- Wenn Sie den Schwarzwurzelduft erleben möchten, kaufen Sie im Frühjahr Wurzeln in der Gemüseabteilung und pflanzen sie in den Garten.
- Nach der Blüte entwickeln sich dicke Pusteblumen. Die stäbchenförmigen Samen hängen an einem Fallschirm. Bevor sie davonfliegen, können Sie für die eigene Aussaat ernten.
- Die Blattrosetten benötigen nicht viel Platz, aber die hohen Blütenstiele benötigen eine Stütze durch Schnüre oder schöner durch hohe Nachbarn wie Amaranth, früh ausgesäte, lila blühende *Phacelia* (Bienenfreund) oder Sonnenblumen.

Ihre schwarzen Wurzeln sind nicht mehr so gefragt, aber wer weiß, dass Schwarzwurzelblüten nach Vanille duften?

Spargelerbse – die Beflügelte

Lotus tetragonolobus

Wohl kaum jemand kennt die Spargelerbse aus der Küche, obwohl ihr Name gleich zweimal tolles Gemüse verspricht, Spargel und Erbse. Essbar sind die kurios aussehenden vierkantigen, geflügelten Hülsen, dafür werden sie sehr jung geerntet. In der Küche entfernt man die „Flügel“, eine mühsame Putzarbeit. In Butter gedünstet wie Zuckererbsen erinnert ihr Aroma eher an Bohnen, vielleicht an Spargel, um den Namen zu rechtfertigen.

KURZ & BÜNDIG

Pflanzenhöhe: 30 bis 40 cm, halb aufrecht, längere Sprosse legen sich auf den Boden
Säen: Ende April bis Anfang Juni
Pflanzen: im Abstand von 10 × 30 cm, Anfang Mai/Anfang Juni
Pflegen: problemlose Pflanzen an sonnigen Standorten
Boden: humoser Sand, Lehm
Nährstoffbedarf: mittel
Zeit im Beet: Mai bis Ende September
Ernten: ab August, geflügelte Hülsen mit Schere oder Messer abschneiden
Genießen: wie Bohnen, blanchieren, als Gemüse

Spargelerbsen wachsen wie Bohnen buschförmig. Bei einer Höhe von etwa 30 bis 40 cm eignen sie sich als breite Einfassung und Streifenpflanzungen oder gepflanzt in Gruppen vor größeren Pflanzen. Auffällig und dekorativ sind neben den fein behaarten Fiederblättern die scharlachroten Blüten. Diesen kräftigen Rotton gibt es bei Erbsenblüten nicht. Wenn Sie die Hülsen laufend abpflücken, blühen die Pflanzen über einen langen Zeitraum.

Schicke Kollegen

Von der Spargelerbse gibt es keine Sorten. Neben der rotblühenden gibt es eine gelbblühende Spargelerbse, *Tetragonolobus maritimus*.

In Szene gesetzt

- Die Spargelerbse benötigt keine Stütze, um daran emporzuwachsen. Wenn sie aufrechter stehen soll, stützen Sie die Pflanzen mit niedrigem Reisig aus Haselnuss- oder Birkenästen.
- Die niedrigen Pflanzen eignen sich als Randbepflanzung an langen Gartenwegen.
- Ihre roten Blüten und frischgrünen Blätter werden von grünem oder rotem Fuchsschwanz, roter- oder grünblättriger Melde, Salatreihen oder zarten Gräsern begleitet.

Die ziegelroten Blüten stehen paarweise zwischen den Fiederblättern, die Früchte tragen papierartige Flügel.

Strauchbasilikum – der Hummelkumpel

Ocimum species

Als grünes Pesto wird das breitblättrige Genoveser Basilikum am liebsten genutzt. Züchterisch hat sich viel getan, neue Sorten sind robuster geworden, nicht so mimosig wie das besagte 'Genoveser', das am besten auf der Fensterbank bleibt. Ein „Blütenpesto" für Insekten bieten die Sorten des Strauchbasilikums. Seine Zweige verholzen, es hält den Sommer im Freien problemlos durch und lässt sich als Kübelpflanze frostfrei überwintern. Im zweiten Jahr blüht es noch eher und schöner. Die rotlaubigen Sorten sehen immer schmuck aus. Wenn die Blütentriebe mit den kleinen Lippenblüten erscheinen, beduften sie würzig den ganzen Garten. Ich mag es als „Streichelpflanze", da das Strauchbasilikum dann sein ganzes Aroma entfaltet. Die Insekten sind da gleicher Meinung und umschwirren die kleinen lila-rosa Blüten. Die festen Blätter bringen pfeffrige Aromen in die Küche.

KURZ & BÜNDIG

Pflanzenhöhe: 50 bis 100 cm, teils als Stämmchen
Säen: in Aussaatschalen April bis Juni, Jungpflanzen kaufen, Stecklinge von verholzenden Arten
Pflanzen: im Abstand von 30 × 40 cm, Ende Mai/Anfang Juni
Pflegen: Lichtkeimer, Samen nur flach abdecken, Pflanzen regelmäßig gießen
Boden: humoser Sand, Lehm
Nährstoffbedarf: mittel
Zeit im Beet: Juni bis Anfang Oktober, kann als Kübelpflanze bei 10 °C überwintern
Ernten: Blüten und Blätter abzupfen
Genießen: als Salatwürze, zu Tomaten, Geschmack pfeffrig aromatisch

Schicke Kollegen

'African Blue': violettrosa Blüten von Juni bis September, herb-aromatische Blätter, dunkel geadert, 80 bis 100 cm hoch
'Magic White': weißrosa Blüten ab Juni den ganzen Sommer bis September, aromatische grüne Blätter, 85 cm hoch
'Wildes Purpur': Blüten dunkellila von Juni bis September, Insektenmagnet, aromatische rotgrüne Blätter, metallisch glänzend, 50 bis 60 cm hoch

In Szene gesetzt

- Als Stämmchen gezogen überragen die Strauchbasilikum-Bäumchen das Kräuterbeet in der zweiten Etage.
- Im großen Kübel gepflanzt gleich mehrere Töpfe in der Nähe von Sitzplätzen aufstellen, um den Duft zu genießen.
- Strauchbasilikum sind gute Partner im Sonnenbeet zu Salbei, Lavendel, Origano, graulaubigem Heiligenkraut (*Santolina*), Bronzefenchel und zarten Blütenstängeln wie Kosmeen oder rotblättrige Süßkartoffeln um die nackten Füße.

Strauchbasilikum wächst ohne Probleme im Beet. Als Kübelpflanze überwintert, wird es von Jahr zu Jahr schöner. Bienen fliegen auf die kleinen Lippenblüten.

Winterheckenzwiebel – die Ruhelose

Allium fistulosum

Sie gehört zu den beständigen, langlebigen Zwiebelgewächsen. Die Winterzwiebel als Staude wird immer dichter und schöner. Ruhelos bezieht sich auf ihren frühen Austrieb ab März und langes Wachstum bis in den Herbst hinein. Immer, wenn Sie dicke Zwiebelblätter für den Quark oder die Bratkartoffeln benötigen, können Sie bei ihr genügend Blätter ernten. Nur im Sommer zur Blütezeit lasse ich sie stehen, die Insekten sollen die nektarreichen Blütenstände genießen. Das einzelne Zwiebelblütchen ist weiß mit einem grünen Streifen. In dem hochkugeligen Blütenstand öffnen sie sich nach und nach von oben nach unten. So gibt es für die Insekten hier lange etwas zu schlecken. Nach der Blüte sehen die Blütenstände etwas strubbelig aus, da die Stielchen der Einzelblüten nach oben wachsen. Sie stehen wie grüne Trommelstöcke an den Stauden, bis ihre Samen ausfallen.

KURZ & BÜNDIG

Pflanzenhöhe: 40 bis 60 cm, mit Blüte bis 80 cm
Säen: Jungpflanzen kaufen
Pflanzen: im Abstand von 30 × 30 cm, Ende März/Anfang April
Pflegen: bei Befall mit Zwiebelrost Blätter zurückschneiden
Boden: humoser Sand, Lehm
Nährstoffbedarf: mittel
Zeit im Beet: März bis Ende Oktober, mehrjährig
Ernten: röhrige Blätter ab April bis September
Genießen: milde Zwiebelwürze zu Salaten, Bratkartoffeln, Quark

Schicke Kollegen

Von der echten winterharten Heckenzwiebel gibt es keine Sorten. Es gibt verschiedene Typen, die sich in der Dicke der röhrenförmigen Blätter unterscheiden. Die als Lauchzwiebeln in der Küche genutzten Sorten kommen nicht zur Blüte.

In Szene gesetzt

- Die mehrjährige Zwiebel wird gerne in Ruhe gelassen. Pflanzen Sie die staudige Zwiebel erst um, wenn die Büschel zu dicht werden und teilen Sie sie dabei.
- Das hohe, röhrenförmige Laub kann eine Beeteinfassung oder einen Beetabschluss bilden, als kleine „Hecke". Eine größere Pflanzengruppe beeindruckt mit ihrer Blütenfülle.
- Sie steht gut in Gesellschaft mit sonnenliebenden Kräutern wie Borretsch, Ysop und Origano.

Wenn die Winterheckenzwiebel uns keine Blätter schenkt, dann ist sie mit ihren Blüten für die Insekten da.

Dekorative Früchte und Samen

Der Fruchtschmuck kommt nach der Blüte. Er ist der Sommerschmuck im Kombigarten und oft die ersehnte Ernte. Die reifenden Früchte lassen den Garten bunt und üppig erscheinen. Sie inspirieren zum Kochen und Essen mit Freunden.

Inspiration: Teller statt Tonne

Gemüse gehören zu unseren wichtigen pflanzlichen Nahrungsmitteln. Sie machen ihren Weg nach der Ernte bei den Gemüseanbauern über den Transport in den Einzelhandel oder auf den Markt, wo wir sie kaufen und in der Küche frisch verarbeiten. Leider bleiben sie nicht lange frisch, sondern welken und verderben.

Gemüse mit Schönheitsfehlern

In Deutschland werfen wir allein im Haushalt pro Kopf etwa 55 kg Lebensmittel im Jahr weg. Gemüse und Obst machen davon über 1/3 aus. Damit verschwenden wir Geld und Ressourcen. Auf dem Weg der Gemüseproduktion landet auf allen Erzeugerstufen viel zu viel vor dem Verzehr in der Abfalltonne. Das ist schlecht für unsere Umwelt und ein

Auch Möhren mit „Beinen“ schmecken im Salat.

ethisches Problem, da viele Menschen auf der Welt hungern. Zu kleine Kartoffeln oder krumme Möhren bleiben bei der Ernte schon auf dem Acker zurück. Diese Verluste kosten Energie, die für den Treckerdiesel verbraucht wurden, Wasser, das zum Gießen der Pflanzen benötigt wurde, Arbeitskraft für die Ernte, verbraucht Flächen für mehr Äcker.

Im Handel werden Obst und Gemüse meist aus optischen Gründen aussortiert: nicht verkauftes Gemüse, weil es welk geworden ist, Obst häufig stiegenweise, weil die Zeit zum Aussortieren noch guter Früchte fehlt. Im Haushalt passiert es uns auch: Wir haben eingekauft, schaffen es aber nicht, die Lebensmittel alle zu verbrauchen. Die braune Banane werfen wir weg, die angeschnittene Paprika ist verschimmelt, weil wir sie nicht richtig gelagert haben. Die Reste des Mittagessens von gestern möchte man nicht mehr aufwärmen, sie landen ebenfalls im Müll.

Gemüse als Lebensmittel sind so billig, dass uns diese Verluste nichts ausmachen. Wir geben nur noch rund 10 % unseres Haushaltseinkommens für Lebensmittel aus. Sie sind in Deutschland preiswert und zu jeder Jahreszeit verfügbar. Die Wertschätzung für die Mittel zum Leben ist uns abhandengekommen.

Wir haben die Erzeugung unserer Lebensmittel globalisiert. Wer kennt noch den Gemüseanbauer in seiner Nähe? Die wenigsten von uns sind Selbstversorger mit Gemüse und Obst, haben einen Garten. Am Etikett im Supermarkt können wir ablesen, aus welchem Land zu welcher Jahreszeit das Gemüse hertransportiert wurde. Lebensmittelverschwendung geht zu Lasten unserer Umwelt, des Klimas und zu Lasten der armen Länder, denn die Weltbevölkerung wächst. „Zu gut für die Tonne“ ist eine Initiative des Bundesministeriums für Ernährung und Landwirtschaft, um die Verschwendung von Lebensmitteln und Ressourcen zu verringern und die Wertschätzung für unsere Lebensmittel zu steigern. Viele private Initiativen haben sich des Themas ebenfalls angenommen, verteilen Lebensmittel mit abgelaufenem Mindesthaltbarkeitsdatum oder kochen mit krummen Möhren.

Lebensmittelverschwendung einfach vermeiden

Ein großer Anteil des Mülls ist vermeidbar. Das fängt schon dabei an, den Einkauf zu planen. Gehen Sie mit einem Einkaufszettel los, mit dem sie für die nächsten Tage die Mahlzeiten geplant haben. Zu Hause werden die Einkäufe versorgt und am richtigen Ort gelagert. Fast alle Gemüsearten sind im Kühlschrank gut versorgt, Tomaten mögen es zum Beispiel nicht so kalt und gehören nicht in den Kühlschrank. Durch die richtige Aufbewahrung wird die Haltbarkeit von Gemüse und Obst verlängert. Manchmal bleiben einzelne Gemüse übrig, da sich nicht supergenau für ein Rezept einkaufen lässt. Auch dafür gibt es Rezepte, Eintöpfe oder Pfannengerichte sind eine schmackhafte Resteverwertung.

Wir stellen an Qualität und Frische von Gemüse hohe Ansprüche. Am kürzesten ist der Weg vom eigenen Garten in die Küche. Wer selbst einmal die Erfahrung gemacht hat, wie lange es dauert, bis ein Kohlrabi gewachsen ist, dass er nicht immer so makellos aussieht wie aus dem Handel und wieviel Pflegearbeit man dafür einsetzen musste, wird das Gemüse sehr schätzen. Gemeinsam Essen zubereiten und danach gemeinsam essen macht Spaß, mit Musik wird es zur Schnippel-Disco.

Amaranth – der Weltenbummler

Amaranthus caudatus

Er ist auf allen Kontinenten der Welt zu Hause. Nach Europa wurde Amaranth meist mit anderen Kulturpflanzen aus Nord- oder Südamerika eingeschleppt. Alle Amaranth-Arten sind essbar. Nutzen Sie die jungen Blätter als Gemüse, sie sind sehr eiweißreich und werden wie Spinat zubereitet. Die kleinen Samen werden gekocht oder gepoppt wie Mais und schmecken nussig. Der Amaranth liebt die Sommerwärme. Gibt es keinen Frost mehr und der Boden hat sich erwärmt, können Sie ihn direkt aussäen oder die vorgezogenen Pflanzen auspflanzen. Einmal ausgepflanzt, entwickelt er sich zu einem wahren Sprinter, bildet schnell Blätter und seine typischen schweifartigen Blütenstände. Diese hängen je nach Sorte kaskadenartig herab oder stehen aufrecht wie Federbüsche. Farblich kann man zwischen grünen, bordeauxroten oder orangebraunen Ponyschwänzen auswählen.

KURZ & BÜNDIG

Pflanzenhöhe: 60 bis 150 cm
Säen: in Saatschalen ab April, warm bei 20 °C, ab Mai direkt ins Beet
Pflanzen: im Abstand von 30 × 40 cm, Ende Mai/Anfang Juni
Pflegen: hat kaum Ärger mit Krankheiten und Schädlingen, toleriert Trockenheit und Wärme
Boden: humoser Sand, Lehm
Nährstoffbedarf: mittel
Zeit im Beet: Mai bis Ende Oktober
Ernten: die Fuchsschwänze vor der Vollreife schneiden und trocknen als Trockenblumenschmuck
Genießen: aus reifen Fruchtständen feine Samen ausdreschen, für Müsli

Schicke Kollegen

'Autumn Palette': Fruchtstände aufrecht, fiederartig, cremefarben bis orangerot, 90 bis 120 cm
'Fuchsschwanz Rot': dunkelrote Fruchtstände, lang herabhängend, 60 bis 90 cm hoch
'Viridis': grüne schweifartig hängende Samenstände, etwa 75 cm hoch

In Szene gesetzt

- Drei bis fünf Amaranth-Pflanzen in Gruppen zusammensetzen. So kommt die Farbe der Fuchsschwänze besser zur Geltung.
- Eine Reihe mit hohem Amaranth macht im Beet einen guten Hintergrund. Die Pflanzen werden recht blickdicht, wenn es etwas zu verdecken gilt.
- Die großen, kräftigen Pflanzen behaupten sich gut zwischen Dahlien. Sie passen auch mit ihrer Blütezeit ab August zusammen.

Die Körner des Amaranths sind winzig. Anstatt sie fürs Müsli zu ernten, lassen wir sie für die Vögel stehen.

Aubergine – die Glänzende

Solanum melongena

Auberginen besitzen nicht die Popularität wie Tomaten. Sie gehören ebenfalls zu den Nachtschattengewächsen, was man an der Form ihrer lilafarbigen Blüten erkennt. Ausgesäte Auberginen benötigen es zu Beginn warm mit etwa 20 bis 22 °C. Das Gemüse stammt aus dem subtropischen Ostindien, benötigt bei uns auch sommerliche Temperaturen und hohe Luftfeuchte, um sich wohl zu fühlen. Besonders die kleinfrüchtigen Sorten setzen viele Früchte an. Die Früchte mit schwarzglänzender Schale sitzen dekorativ zwischen den samtartig weichen graugrünen Blättern. Die Größe der Früchte reicht von hühnereigroß bis kürbisdick. Bei der Sorte 'Eastern Egg' sitzen die weißen Früchte wie Hühnereier an der Pflanze. Alternative Fruchtfarben bei den Sorten sind grünlich, rosa oder lila mit Streifen. Ernten Sie die Früchte mit der Schere, wenn die Schale glänzt.

KURZ & BÜNDIG

Pflanzenhöhe: 60 bis 100 cm
Säen: in Anzuchtschalen bei 20 bis 22 °C, Jungpflanzen kaufen
Pflanzen: im Abstand von 50 × 70 cm, Ende Mai/Anfang Juni
Pflegen: Pflanzen mit Stäben stützen
Boden: Lehm, Ton
Nährstoffbedarf: mittel
Zeit im Beet: Juni bis Ende September
Ernten: ausgewachsene Früchte ab Juli mit dem Messer abscheiden
Genießen: in Öl gebraten, im Auflauf mit Kartoffeln

Schicke Kollegen

'Black Beauty': schwarzviolette, ovale, birnenförmige glänzende Früchte,
'Lange Violette': schwarzviolette, langovale Früchte, Pflanzen etwa 80 cm hoch
'Patio Baby F1': schwarzviolette, kleine Früchte, kompakte Pflanzen, auch für Topfkultur
'Rosso di Napoli' (*S. aethiopicum*): orangerote tomatenähnliche Früchte

In Szene gesetzt

- Binden Sie die Haupttriebe der Pflanzen an Stützstäbe. So verhindern Sie, dass sie mit den schweren Früchten abbrechen.
- Als Kübelpflanze gelingt die Versorgung der anspruchsvollen Pflanzen am besten. Sie können sie zur rechten Zeit gießen und düngen, bei kühlerem Wetter auf die Terrasse stellen.
- Die Aubergine steht eher als Solotänzer, setzen Sie in großen Kübeln niedrige Sommerblumen wie blau blühenden Leberbalsam (*Ageratum*) oder gelbe Husarenknöpfchen (*Sanvitalia*) zu ihren Füßen.

Der Glanz der Früchte signalisiert: Die Aubergine ist erntereif.
Meist verbergen sie sich unter dem graugrünen Laub.

Bohnen – Gipfelstürmer & Bodenpersonal

Phaseolus vulgaris

Hoch hinaus wollen allerdings nur die Stangenbohnen. Buschbohnen bleiben hübsch am Boden, sie werden höchstens 40 cm hoch. Die Blüten bei Busch- und Stangenbohnen sind unscheinbar, die bunten Hülsen umso auffälliger. Die „Glucken"-Typen bei den Buschbohnen tragen diese gut sichtbar über dem Laub, und die Hülsen bleiben sauber. Interessanter für die Gestaltung sind Stangenbohnen. Wählen Sie Sorten mit buttrig gelben, blau-lila oder rot gesprenkelten Hülsen aus. Grüne Hülsen fallen weniger auf. Das Schöne bei der Kultur von Stangenbohnen ist die Auswahl ihres Klettergerüstes. Geeignet sind runde Stangen von daumen- bis armdick. Als Material eignen sich sägeraues Holz, runde Fichtenstangen oder Metall wie Baustahlmatten. Wichtig ist, dass die Bohnentriebe sich mit ihren Ranken am Gerüst herumwinden können, und zwar immer gegen den Uhrzeigersinn.

KURZ & BÜNDIG

Pflanzenhöhe: 30 bis 300 cm
Säen: ab Mitte Mai bis Mitte Juni direkt an die Rankhilfen
Pflanzen: im Abstand von 20 × 30 cm, Ende Mai/Anfang Juni
Pflegen: bei Trockenheit gießen, sonst rieseln die Blüten ab
Boden: Lehm
Nährstoffbedarf: mittel
Zeit im Beet: Mai bis Ende September
Ernten: ausgewachsenen Hülsen vorsichtig abnehmen
Genießen: als Hülsen abgekocht, als Trockenbohne, als Salat, Gemüse, in Suppen

Schicke Kollegen

'Blauhilde': Stangenbohne, Hülsen lila, Blüten lila, nach dem Kochen grün, alte Sorte
'Borlotto Lingua di Fuoco': Stangenbohne, Hülsen cremefarbig, rot geflammt, Höhe bis 2 m
'Golden Teepee': Buschbohne, Hülsen gelb, stehen gut sichtbar über dem Laub

In Szene gesetzt

- Ein Obelisk, Rosen- bzw. „Bohnen"-Bogen kann farbig gestaltet, dreieckig, zaunförmig oder bogenförmig aufgestellt werden. In der Höhe soll es den Stangenbohnen das Klettern bis in 2 bis 3 m Höhe ermöglichen.
- Die italienischen Trockenbohnensorten 'Borlotto' zieren lange mit ihren rot geflammten Hülsen. Nach der Ernte der reifen Hülsen gibt es einen Bohneneintopf.
- Bohnen-Bögen können Wege überspannen, als hohes Gerüst bilden sie einen dichten Sichtschutz und Hintergrund für knallrote hohe Dahlien, rote und gelbe Zinnien.

Die rot geflammten Hülsen der Borlotto-Bohnen trocknen am Rankgerüst, im Winter gibt es herzhaften Eintopf.

Erdbeerspinat – der Fruchtige

Chenopodium foliosum

Seine Karriere als Gemüsepflanzen währte nur kurz. Die Blätter werden wie Spinat zubereitet und so wurde er schon im 17. Jahrhundert vom Spinat mit seinen größeren Blättern aus Garten und Küche verdrängt. Geblieben ist sein Schmuckwert, denn der echte Spinat bildet keine hübschen erdbeerroten Früchte. Nach dem Wachstum der Blattrosette mit den spießartig gezähnten Blättern verlängern sich die Blatttriebe. Nach der Blüte reifen in jeder Blattachsel über die ganze Länge der Triebe die leuchten roten Früchte. Sie sehen eher aus wie Himbeeren als Erdbeeren. Die Früchte sind essbar, leider verspricht der Name Erdbeerspinat zu viel Aroma. Aber sie sind saftig und geben grünen Salaten einen knalligen Farbtupfer. Die Triebe mäandern über den Boden, die Pflanze lassen sich als essbare Bodendecker verwenden, von denen im Küchengarten zu wenig Gebrauch gemacht wird.

KURZ & BÜNDIG

Pflanzenhöhe: 30 bis 40 cm, eher liegend
Säen: ab April direkt, Vorkultur besser
Pflanzen: im Abstand von 30 × 30 cm, Ende Mai/Anfang Juni
Pflegen: bei Trockenheit gießen, kann halbschattig stehen
Boden: Lehm, Ton
Nährstoffbedarf: mittel
Zeit im Beet: Mai bis Ende September
Ernten: junger Blätter als Spinat oder Salat, rote Beeren als Dekoration
Genießen: junge Blätter für alle Spinatrezepte, Beeren als Salatdekoration, eher schön als aromatisch

Schicke Kollegen

Vom Erdbeerspinat gibt es bisher eine Sorte. Die als Saatgut angebotenen Formen unterscheiden sich nicht.
'Sperli's Rote Gans': leuchtend rote, erdbeerähnliche Früchte, unterscheidet sich nicht von der Art

In Szene gesetzt

- Da die Blätter an den fruchttragenden Trieben kleiner sind, kommt die Farbe der Früchte gut zur Geltung.
- Pflanzen Sie Erdbeerspinat als Bodendecker im Vordergrund der Beete. Setzen Sie Pflanzen zwischen Rotkohl, Rosenkohl oder Mais, die mit weiten Reihenabständen gepflanzt werden.
- Die roten Früchte reifen im Juli und August. Sie unterstützen rote Blütenfarben verschiedener Sommerblumen genauso wie sie einen belebenden Kontrast zu Gemüsepflanzen mit grünen Blättern bilden.

Schöner als die Spinatblätter sind die erdbeer- oder himbeerähnlichen roten Früchte, die ihm den Namen gaben.

Gurke – die Inderin

Cucumis sativus

Gurken sind ein wasserreiches, kalorienarmes Sommergemüse, das wir nur noch als grüne Schlangengurke aus dem Gewächshaus kennen. Sie werden nur selten im Beet angepflanzt. Die Pflanzen haben hohe Ansprüche an die Bodenqualität, Wärme und Nährstoffversorgung. Gut mit Kompost versorgt bildet die Gurke mehrere Meter lange Bodentriebe mit weichen, handtellergroßen Blättern und Ranken. Finden ihre Ranken einen Halt, winden sie sich darum und ziehen den Spross nach oben. Das nutzt man für den Anbau an niedrigen Rankgestellen. Die gelben Gurkenblüten sind wesentlich kleiner als die der Kürbisse. Danach entstehen walzenförmige, kurze oder kugelige Früchte. Gurkensorten mit hellgrünen, gelben oder braunen Früchten bringen indische Exotik in den Garten. Ausgewachsene, armdicke Früchte werden in der Küche zu Schmor- oder eingelegten Senfgurken.

KURZ & BÜNDIG

Pflanzenhöhe: 30 bis 40 cm, senkrecht rankend an Gittern 2 bis 4 m
Säen: im Haus im Topf vorkultivieren, ein Samen pro Topf
Pflanzen: im Abstand von 40 × 40 cm, Ende Mai/Anfang Juni
Pflegen: mulchen, Boden feucht halten, Windschutz
Boden: Lehm, Ton
Nährstoffbedarf: mittel
Zeit im Beet: Juni bis Ende September
Ernten: reife Früchte am Stiel abschneiden, Pflanzen dabei nicht herausreißen
Genießen: eingelegt als Essig- oder Salzgurken, Senfgurken

Schicke Kollegen

'De Sikkim': Indische Netzgurke, Früchte dunkelbraun, mit hellem netzartigem Muster, walzenförmig
'Mexikanische Minigurke' (*Melothria scabra*): Früchte walnussgroß, grün gestreift, jung essbar, rankend für Pergola und Bögen
'Vorgebirgstrauben': grüne, kurze Einlegegurken, sehr ertragreich
'Zitronengurke Lemon': gelbe, runde Früchte, etwa apfelgroß, saftig, viele Kerne

In Szene gesetzt

- Pflanzen Sie die Gurken an niedrigen Rankgestellen. Das bringt Höhe in den Garten und die Früchte hängen wie Weintrauben sauber herab.
- Die kleinen Ziergurken sind wilde Ranker. Unter ihnen verschwinden hohe Rankgerüste oder Pergolen. Die Minigürkchen sind jung essbar.
- Groß schützt klein: Pflanzen Sie Gurken zwischen Mais, Tomaten und Paprika. Die hohen Pflanzen geben den Gurken Windschutz. Die Gurken sind für die Großen ein willkommener Bodendecker.

Wie mit Antik-Lack bepinselt sehen die Schalen der Indischen Netzgurken aus. Ihr festes Fleisch eignet sich zum Schmoren.

Kalebassen – die Ewigen

Lagenaria siceraria

Flaschenkürbis statt Plastik: Die Kalebassen waren noch vor der Nutzung von Tongefäßen Teller und Tasse, Wassergefäß oder Schmuckstück. Sie gehören zu unseren ältesten Kulturpflanzen. Die subtropischen Pflanzen benötigen einen sonnigen, warmen Platz. An einem etwa 2 bis 3 m hohen Rankgerüst gepflanzt wachsen sie in die Höhe. Die Ranken an ihren bis zu 8 m langen Trieben greifen zu Zäunen, Drähten oder anderen Stützen, um sich daran festzuhalten. Die weichen Blätter verströmen beim Darüberstreichen einen moschusartigen Geruch. Ihre langgestielten Blüten sind weiß und duften, gut zu unterscheiden von den gelben Kürbisblüten. Je nach Sorte bilden sie flaschenartige, tellerförmig oder gigantisch lange Früchte wie bei der 'Herkuleskeule'. Sie verholzen und sind nach dem Trocknen jahrelang haltbar.

KURZ & BÜNDIG

Pflanzenhöhe: 200 bis 800 cm, rankend
Säen: im Haus im Topf vorkultivieren, ein Samen pro Topf, Samen vorquellen
Pflanzen: im Abstand von 100 × 100 cm, Ende Mai/Anfang Juni
Pflegen: mit Kompost versorgen, gute Wasserversorgung
Boden: Lehm, Ton
Nährstoffbedarf: mittel
Zeit im Beet: Juni bis Ende September, vor ersten Frost ernten
Ernten: ausgereift ab Oktober, mit Stiel abschneiden, nachtrocknen
Genießen: als Dekogefäß, Schale, Musikinstrument, Nisthöhle, verzieren durch Bemalung oder Ritzungen

Schicke Kollegen

'Korsischer Teller': Früchte plattrund bis schalenförmig, 20 bis 30 cm Durchmesser
'Speckled Swan': Früchte dickbauchig mit dünnem Schwanenhals, dunkelgrün mit hellen Sprenkeln
'Xiaohulu': flaschenförmige Früchte mit Einschnürung in der Mitte, etwa 25 cm groß, junge Früchte hellgrün

In Szene gesetzt

- Kreieren Sie einen schattigen Sommersitzplatz, in dem Sie starke Bambusgerüste oder Pergolen mit Kalebassen umranken lassen. Die Früchte hängen dann wie Sterne über Ihren Köpfen.
- Die kleinfrüchtigen Sorten wie 'Mini Bottle' oder 'Birdhouse' werden auch in unserem Klima im Herbst reif.
- Zu den frischgrünen Blättern und hellgrünen Früchten passen Pompon-Dahlien in kräftigen Farben wie Pink, Orange oder Lila.

Kalebassen sind nur jung essbar. Reif und getrocknet werden sie zu Gefäßen oder Musikinstrumenten verarbeitet.

Kürbis – die Riesenbeere

Cucurbis pepo, C. maxima, C. moschata

Kürbisse sind eine bunte Truppe von Riesenbeeren. Die kleineren Riesen wie 'Jack be Little' oder 'Baby Bear' bringen umso reichlicher Früchte. Die Beeren, so heißen die Früchte botanisch korrekt, zeigen sich in vielerlei Gestalt und Farben. Kürbisfrüchte sind je nach Sorte rund, flach, stark gerippt, kronenförmig wie beim Turban oder mit Zierwarzen besetzt. Die Farbe der reifen Fruchtschalen reicht von grün mit cremeweißen Streifen, blaugrün bereift bis herbstlich gelb, orange und braunrot. Die Großblattpflanzen benötigen in der Wachstumsphase viel Wasser, machen in der Mittagssonne schon mal schlapp, erholen sich aber über Nacht wieder. Ihre großen gelben Blüten sind essbar, besonders die männlichen mit den langen Stielen. Die weiblichen Blüten erkennen Sie an dem kleinen Kürbis, der hinter der Blüte sitzt. Die müssen dran bleiben!

KURZ & BÜNDIG

Pflanzenhöhe: 30 bis 40 cm, hochgeleitet je nach Sorte 200 bis 600 cm
Säen: im Haus im Topf vorkultivieren, ein Samen pro Topf
Pflanzen: im Abstand von 100 × 100 cm, Ende Mai/Anfang Juni
Pflegen: beim Pflanzen mit Kompost versorgen, bei Trockenheit durchdringend gießen
Boden: Lehm, Ton
Nährstoffbedarf: hoch
Zeit im Beet: Mai bis Ende September, vor dem ersten Frost ernten
Ernten: Riesenbeeren mit der Schere mit Stiel abschneiden,
Genießen: Fruchtfleisch für Suppen, gebraten, für Kuchen, süß-sauer eingelegt

Schicke Kollegen

'Honeynut': Schale ockerfarbig, Frucht kurz birnenförmig, Fleisch gelborange, wenig Kerne
'Mini Musk': reife Schale ocker bis orangegrün, Fleisch orange, gutes Aroma, bis 2 kg
'Rouge Vif d'Etampes': Schale kräftig orangerot, Frucht flachrund, leicht gefurcht, 5 bis 10 kg

In Szene gesetzt

- Pflanzen Sie die großfrüchtigen Sorten als Bodendecker. Sie eignen sich, um große Flächen abzudecken.
- Sorten mit kleinen Früchten können an stabilen Rankgestellen oder Pergolen in die Höhe geleitet werden. Zu schwere Früchte stecken Sie in Netze, die Sie an den Stützen festbinden können. So reißen sie nicht ab.
- Zwischen dem Bodendecker Kürbis gepflanzte hohe Sonnenblumen, Mais und hohe Ziergräser ragen dazwischen in die Höhe.

Kleinfrüchtige Kürbisse lassen sich an Klettergestellen aufleiten. Die Früchte binden Sie besser an, damit sie die Pflanzen nicht nach unten reißen.

Mais – der Kraftprotz

Zea mays

Mais spielt meist nur im landwirtschaftlichen Anbau eine Rolle und hat daher ein schlechtes Image. Das Riesengras mit dem Turbowachstum bietet uns im Blumengarten aber tolle Gestaltungsmöglichkeiten. Nach dem Pflanzen Ende Mai nach dem letzten Frost wächst Mais schnell und bildet einen idealen einjährigen Sichtschutz oder Heckenersatz. Die hoch aufgerichtete schmale Pflanze schmückt mit ihren länglichen Blättern. Die Sorte 'Japonica' hat gelbrot gestreifte, wellige Blätter. Die Fahnen, wie die männlichen Blütenteile am Ende der Pflanze heißen, wehen im Wind, die Narbenfäden am Maiskolben sind gelbgrün oder auffällig rotbraun gefärbt. Die reifen Maiskolben verbergen sich in den Hüllblättern. Wie ein Überraschungspaket öffnet man sie, um die farbigen Kolben anzusehen. Bei den bunten Zuckermais- und Popkorn-Sorten sieht jeder Kolben anders aus.

KURZ & BÜNDIG

Pflanzenhöhe: 120 bis 250 cm
Säen: Vorkultur im Topf bei 20 °C, Auspflanzen nach dem Frost
Pflanzen: im Abstand von 30 × 40 cm, Ende April/Anfang Mai, für Zwischenpflanzungen Reihenabstand 60 cm
Pflegen: selten Probleme mit Schädlingen oder Krankheiten
Boden: Lehm, Ton
Nährstoffbedarf: mittel
Zeit im Beet: Mai bis Ende Oktober
Ernten: Zuckermais in Milchreife der Körner, Popmais ausgereift ernten, Kolben abdrehen
genießen: Zuckermais gekocht in Salzwasser, Popmais-Körner in Öl in einem Topf mit Deckel poppen lassen

Schicke Kollegen

'Double Red': Kolben mit dunkelroten Körnern, Pflanzenstängel rötlich, 180 cm hoch, Zuckermais
'Glass Gem': bunte Körner von Gelb, Rot, Türkis bis Blau, glänzen wie Glasperlen, 200 bis 250 cm, für Popcorn
'Miniature Coloured': Kleine Kolben mit Körnern in allen Farbkombinationen, Pflanzen nur 120 bis 150 cm hoch, Popmais
'Stars and Stripes' (*Zea mays* var. *japonica*): Körner dunkelrot, gewellte Blätter grün-weiß-rot gestreift, 180 cm hoch, dekorative Pflanzen

In Szene gesetzt

- Pflanzen Sie nach Vorbild der Maya Mais, Bohnen und Kürbisse zusammen. Der Mais dient den Bohnen als Rankhilfe, die Bohnen liefern Stickstoff und der Kürbis dient als Mulchdecke. Die Pflanzenkombination heißt bei den Indios „Milpa“ oder „Die drei Schwestern“.
- Pflanzen Sie die buntblättrige Sorte 'Stars and Stripes' in Gruppen, damit die Blattfärbung gut zur Wirkung kommt.
- Als Partner zwischen den Maisreihen genießen Salat und Buschbohnen den Schatten. Hohe Sonnenblumen, Ringelblumen oder Kapuzinerkresse machen das Maisbeet bunt.

Maiskolben gibt es als Zuckermais, Popcorn oder einfach bunte Herbstdekoration zu genießen.

Okra – die Elegante

Abelmoschus esculentus

Ladies Fingers heißen sie im Englischen, das hört sich einerseits elegant, andererseits nicht sehr appetitlich an. Gemeint sind die Kapselfrüchte des Gemüseeibisch, auch Okra genannt. Die sechskantigen Früchte stehen nach der Blüte aufrecht an den Pflanzen. Sie werden zum Essen geerntet, wenn sie ausgewachsen, aber noch zart sind. Eine solche Frucht wird 10 bis 15 cm lang. Vorher blüht Okra, als Malvengewächs mit einer großen, gelben Blüte mit rotem Schlund. Sie macht sich genauso gut im Kapitel der hübschen Gemüseblüten. Wurde vor Jahren noch die Kultur von Okra im Gewächshaus oder im Kübel empfohlen, wage ich mich bei warmen Sommern mit den Pflanzen ins Freiland. Die Vorkultur findet aber auf der Fensterbank statt. Nach dem Frost geht es abgehärtet Ende Mai ins warme Wetter nach draußen. Nach der Blüte wachsen die Früchte schnell, es kann im Juli geerntet werden.

KURZ & BÜNDIG

Pflanzenhöhe: 80 bis 150 cm
Säen: Anfang April in Saatschalen, bei 22 bis 25 °C, Samen vorquellen über Nacht
Pflanzen: im Abstand von 40 × 40 cm, Ende Mai/Anfang Juni
Pflegen: hohe Pflanzen an Stäben anbinden als Stütze
Boden: Lehm, Ton
Nährstoffbedarf: mittel
Zeit im Beet: Mai bis Anfang Oktober
Ernten: unreife, ausgewachsene Kapselfrüchte abschneiden
Genießen: gekocht, zu Pfannengerichten, halbiert oder in dünne Scheiben geschnitten, in indischen Currys, zu Lammfleisch, mit Tomaten und Zwiebeln

Schicke Kollegen

'Burgundy Red': lange, rote Schoten, auch Blattstiele rötlich
'Clemson Spineless': mittellange, grüne Schoten, tief geschlitzte Blätter
'Penta Dragon': mittellange, leicht gekrümmte Schoten, kompakte Pflanzen

In Szene gesetzt

- Ungestutzt streben die Pflanzen in die Höhe, alles an ihnen vermittelt ein südländisches Flair, die Blätter, die großen, offenen Malvenblüten und die Früchte.
- Die roten Kapselfrüchte bringen im Vergleich mit den grünfrüchtigen ein Extra an Farbe mit.
- Wärme- und nährstoffliebende Gemüse wie Tomaten und Paprika sind für Okra geeignete Begleiter. Blumig wird es mit dazu gepflanzten Sonnenblumen und Gräsern.

Der eleganten Malvenblüte folgen ebenso elegante große Früchte. Okra verdienen mehr Beachtung und sind einen Anbauversuch wert.

Paprika & Chili – die Hitzköpfe

Capsicum annuum, C. frutescens, C. baccatum

Paprika und scharfe Chilis folgen den Tomaten in der Beliebtheitsskala auf dem Fuße. Ich kenne besonders Männer, die sich mit dem Chili-Anbau befassen. Die Sortenvielfalt gibt alles her, von süß und harmlos bis teuflisch brennend. Man kann dabei nicht von der Fruchtform oder -größe auf den Schärfegrad schließen, von wegen je kleiner desto frecher. Die Früchte an den Pflanzen sind erst grün, reif je nach Sorte gelb, orange, rot oder schwarzviolett. Früchte in verschiedenen Reifestadien an den Pflanzen haben unterschiedliche Farben. Die Sorte ‘Lila Luzie’ trägt dazu noch dunkelgrünes Laub mit lila Stängeln. Die kleinen sternförmigen Blüten in Weiß oder Lila bilden sich in den Blattachseln. Paprika wächst als kleiner, verzweigter Busch, die Triebe verholzen. Überwintern Sie die Pflanzen frostfrei und warm, desto mehr Früchte tragen sie im folgenden Jahr.

KURZ & BÜNDIG

Pflanzenhöhe: 30 bis 100 cm
Säen: Anfang Februar in Saatschalen, Jungpflanzen kaufen
Pflanzen: im Abstand von 40 × 40 cm, in Topf und Kübel, Ende Mai/Anfang Juni
Pflegen: fruchttragende Trieb anbinden
Boden: Lehm, Ton
Nährstoffbedarf: mittel
Zeit im Beet: Juni bis Ende September, vor dem ersten Frost einräumen
Ernten: reife Früchte mit dem Messer abschneiden
Genießen: milde Sorten als Gemüse, scharfe Sorten als Snack oder Gewürz

Schicke Kollegen

‘Elefantenrüssel’: Peperoni, lange, dünne, gelbe Früchte, scharf
‘Lila Luzi’: Chili, Früchte färben sich über Lila, Gelb bis reif Orangerot, kleine, aufrecht stehende Früchte, ähnlich ist ‘Bolivian Rainbow’
‘Roter Augsburger’: spitze, rote Früchte, süß, frühreif

In Szene gesetzt

- Die kompakten Paprikas und Chilis sind ideale Kübelpflanzen. Versorgen Sie die Pflanzen im Topf mit nährstoffreicher Erde und Wasser. Verschiedene Sorten machen eine Terrasse zur bunten Chili-Farm.
- Stellen Sie die getopften Pflanzen im Sommer als dekorative Blickpunkte in den Kombigarten oder betonen mit ihnen eine Sichtachse.
- Ausgepflanzt im Beet stehen Paprika gut neben Tomaten und Auberginen. Der temperamentvolle Südamerikaner liebt bunte Blüten wie Kapuzinerkresse, Ringelblumen, Zinnien oder Tagetes als Begleiter.

Die Paprikafrüchte versprechen mit warmen Farben heiße Würze. Ihr Anbau gelingt auch gut im Topf auf dem Balkon.

Schlangenradies – der Luftikus

Raphanus sativus var. caudatus

Dieser Name sollte neugierig machen, genauso wie ihre weiteren Benennungen als Rattenschwanz- oder Luftradies. Radieschen werden bekanntlich angebaut, um ihre pikanten Wurzelknollen, die in der Erde wachsen, zu ernten. Davon sieht man leider nur ihre roten Köpfe. Radies sind wahre Speedies unter den Gemüsepflanzen, von Aussaat bis Ernte vergehen etwa 4 bis 5 Wochen. Säen Sie Radies als grünes Band an jede freie Stelle in die Beete. Von den Pflanzen ist alles essbar, die Wurzeln, Blätter, Blüten und Samenhülsen. Die Schlangenradies als Besonderheit halten sich nicht auf mit der Bildung schöner Knollen, sie schießen gleich in die Höhe, bilden wild verzweigte Stängel und blühen mit zartrosa Blüten. Aus der Blüte entstehen dünne Samenhülsen, die bei dieser Art bis zu 15 cm lang werden. Jung geerntet bieten sie knackig, pikante Fingerfood mit Radieschengeschmack.

KURZ & BÜNDIG

Pflanzenhöhe: 80 von 120 cm
Säen: März bis Juni direkt ins Beet
Pflanzen: im Abstand von 25 × 40 cm
Pflegen: die Einzelpflanzen an einen Stab anbinden
Boden: humoser Sand, Lehm
Nährstoffbedarf: gering
Zeit im Beet: April bis Ende August
Ernten: wenn die Schoten ausgewachsen, aber noch grün sind, abschneiden
Genießen: roh wie Radieschen, in Quark, Salate, Fingerfood, im Wok, leichte Schärfe

Schicke Kollegen

Es gibt keine Sorten. Bei den Saatgutanbietern heißt es Ratenschwanz-Rettich, Schlangenrettich, Luftradies oder aus dem Indischen Mougri-Rettich.

In Szene gesetzt

- Die Schlangenradies sind wüchsig, achten Sie bei der Aussaat auf großzügige Abstände von 30 cm zwischen den kleinen Samen. Binden Sie die verzweigten Pflanzen einzeln an einem Stab an.
- Vor den Samenhülsen stehen die Pflanzen in einer Wolke von weißrosa Blüten. Meist sind über Wochen Blüten, junge und reife Hülsen gleichzeitig an den Pflanzen.
- Schlangenradies mit ihrem lockeren wolkigen Wuchs bringen etwas Luftiges in Reihen mit kompakten Pflanzen wie Kartoffeln, Pastinaken und Schwarzwurzeln, schweben über Salaten und Endivien.

Wie Schleierkraut blühen die Schlangenradies. Blüten und Früchte finden sich gleichzeitig an den Pflanzen.

Sojabohne – die Flauschige

Glycine max

Mein erster Anbau von Sojabohnen war reine Neugier. Wie sieht diese Bohne aus, die eigentlich nur als Tierfutter und für Tofu angebaut wird? Die Aussaat und Kultur machen Sie wie bei Buschbohnen. Ausgesät wird Ende Mai in den warmen Gartenboden. Die Pflanzen werden 40 cm hoch. Die großkörnigen Edamame-Sorten werden mit 50 cm sogar etwas höher. Sie tragen dreigeteilte Blätter an langen Stielen, die gegen Abend herunterklappen, als ob sie sich schlafen legen. Die Blüten sind unscheinbar, plötzlich sehen Sie schon die Hülsen wachsen am Stängel. Sowohl Stängel, Blätter und Bohnenhülsen sind weich behaart. Das gibt ihnen ein flauschiges Aussehen. Die grünen Hülsen enthalten ein bis vier Kerne. Als Edamame werden die Hülsen grün gepflückt, wenn das Korn ausgewachsen, aber noch weich ist.

KURZ & BÜNDIG

Pflanzenhöhe: 40 bis 50 cm
Säen: M/Ende Mai in warmen Boden, im Abstand von 10 × 40 cm,
Pflanzen: vorgezogene Pflanzen setzen Anfang Juni
Pflegen: liebt es warm
Boden: humoser Sand, Lehm
Nährstoffbedarf: gering, haben Knöllchenbakterien
Zeit im Beet: Mai bis Anfang September
Ernten: grüne Hülsen zur Milchreife der Körner abschneiden, Anfang August bis Anfang September
Genießen: mit Hülsen in Salzwasser garen, auspahlen, zubereiten wie Dicke Bohnen

Schicke Kollegen

'Funke': trocken braune behaarte Hülsen über dem Laub, zwei bis drei Körner/Hülse, als Trockenbohne, für Tofu
'Summer Shell': grüne, behaarte Hülsen mit drei bis vier Körnern, für Gemüsenutzung
'Green Shell': grüne behaarte Hülsen, große Körner, früh reif, für Gemüsenutzung

In Szene gesetzt

- Setzen Sie die Bohnen bei einer Pflanzenhöhe bis 50 cm in den Vordergrund in sonnige Beete. Eine Reihe Sojabohnen kann ein Beet teilen oder einrahmen.
- Blätter und Hülsen stehen grün in grün, als Gesellschaft vertragen Sojabohnen Farbe von sonnenliebenden Sommerblühern wie Kosmeen oder Tagetes.
- Sie können Soja auch über die Reife der Hülsen hinaus im Beet stehen lassen. Die trockenen braunen, behaarten Hülsen sitzen als herbstlicher Schmuck dicht an den Stängeln.

Eine Reihe mit Sojabohnen gibt dem Blumengarten einen Hauch von fernöstlicher Exotik.

Tomaten – die Lieblinge

Solanum lycopersicum

Und es geht doch: Tomaten können Sie in unserer Breiten im Sommer ins Freie pflanzen. Das Vorziehen findet immer noch auf der Fensterbank statt. Nach dem letzten Frost kommen sie ins Beet. Tomaten mögen es sonnig und mäßig warm. Stabtomaten zieht man an Stützen aus Bambusstäben oder anderen dekorativen Stäben in die Höhe. Mit ihren reifen roten Fruchttrauben stehen sie im Sommer wie rote Ausrufezeichen in den Beeten. Aber Tomatenfrüchte sind nicht nur rot, wählen Sie Sorten mit knallgelben oder orangefarbigen Früchten aus. Die Sorten mit kleinen Früchten wie Cherry- oder Datteltomaten reifen zuverlässig, sie verführen zum Naschen bei jedem Gartenrundgang. Die großen Fleischtomaten sind dann doch eher etwas fürs Gewächshaus. Mit den Tomaten kommt Höhe ins Spiel, eine wichtige Dimension im bunten Kombigarten. Niedrige buschförmig wachsende Sorten können Sie als Lückenfüller pflanzen.

KURZ & BÜNDIG

Pflanzenhöhe: 100 bis 180 cm
Säen: in Anzuchtschalen ab März, pikieren, oder Jungpflanzen kaufen
Pflanzen: im Abstand von 50 × 60 cm, Ende Mai/Anfang Juni
Pflegen: Haupttrieb an Stäben anbinden, Seitentriebe ausknipsen
Boden: Lehm, Ton
Nährstoffbedarf: mittel
Zeit im Beet: Mai bis Anfang September
Ernten: reife Früchte ernten
Genießen: als Naschfrucht, als Salat, für Saucen

Schicke Kollegen

'Auriga': runde, orangefarbige Früchte, platzfest
'Sunviva': gelbe runde Früchte, kleine Cocktailtomate, Früchte 20 g
'Ruthje': rote Früchte mit herzförmiger Spitze, 40 bis 45 g

In Szene gesetzt

- Eine schöne Tomatenpflanze bekommt einen schönen, etwa 2 m langen Stützstab aus Metall, Holz oder Bambus, um ihn stabil in der Erde zu befestigen.
- Knipsen Sie bei den Stabtomaten die Seitentriebe aus. So kommen die reifen Früchte optisch besser zur Geltung.
- Die Stabtomaten so setzen, dass Sie zum Naschen an die Früchte kommen. Kartoffeln sind keine guten Partner, aber mit Spinat und Sommerportulak als Fußvolk fühlen sie sich wohl. Blumig bunt wird es mit roten Zinnien, Ringelblumen oder Kapuzinerkresse als Begleiter.

Tomatenfrüchte reifen auch im Freien. Ihre gelben, orangeroten oder kirschroten Naschfrüchte leuchten verführerisch.

Tomatillo – der Mexikaner

Physalis philadelphica

Die kleine Schwester der Tomate ist bei uns noch recht unbekannt, zumindest in ihrer Gemüseform. Die Andenbeere (*Physalis peruviana*) mit orangeroten Früchten wird häufiger als Naschobst gepflanzt. Die Kultur ist einfach wie bei Tomaten. Im Beet benötigen die Tomatillo-Pflanzen einen Stab, um sie daran anzubinden. Ab Juli erscheinen gelbe, kartoffelähnliche Blüten. Die Früchte werden bis zu 5 cm groß und wachsen in einem Kelch heran, der sie wie eine Papierlaterne umgibt. Tomatillos sind reif, wenn sie ihre Laternenhülle ganz ausfüllen und aus ihr herausplatzen wie aus einem zu klein gewordenen Hemd. Zur Bestäubung sollten mindestens zwei Pflanzen im Garten stehen, dann sind sie sehr ertragreich. Es gibt grün- und violettfrüchtige Sorten. Tomatillos sind die klassische Zutat für Salsa-Saucen und Chutneys.

KURZ & BÜNDIG

Pflanzenhöhe: 60 bis 120 cm
Säen: Anfang März in Saatkisten bei 18 bis 20 °C, wie Tomaten
Pflanzen: im Abstand von 80 × 80 cm, Ende Mai/Anfang Juni
Pflegen: verträgt Trockenheit, Pflanzen anbinden
Boden: Lehm, Ton
Nährstoffbedarf: mittel
Zeit im Beet: Ende Mai bis Ende September
Ernten: ab August reife Beeren mit Kelch abpflücken
Genießen: gebraten in der Pfanne, für Salsa-Saucen, Chutneys

Schicke Kollegen

'Aurora': gelbe Früchte in braunen Kelchen, frühreif
'Purple de Milpa': lila Frucht, mit schön dunkel geaderten Kelchen
'Verde': große grünliche Früchte

In Szene gesetzt

- Setzen Sie die Pflanzen mit einem Stab zum Anbinden ins Beet. Mit Tomaten zusammen bilden Tomatillos ein Highlight im Beet. Sie bleiben mit 60 bis 120 cm etwas kleiner als Tomaten und verzweigen sich stärker.
- Die grünen oder lila geaderten Fruchtlaternen sind der Schmuck im Beet. Die violetten Früchte sind als Schmuck auffälliger als die grünen.
- Geeignete Partner in der Nachbarschaft sind neben Tomaten Paprika und Auberginen, gelb blühende Tagetes oder Ringelblumen. Tomatillos eignen sich für die Bepflanzung von Kübeln.

Ihre Früchte reifen versteckt im Blütenkelch heran, bis der platzt.
Sorten mit lila Früchten sind dekorativer als solche mit grünen Früchten.

Blumige Partner fürs Gemüse

Wer wessen Partner ist, liegt ganz im Ermessen des Gartenbesitzers. Reizvoll ist die Mischung von blühenden Stauden, Sommerblumen und Gemüsepflanzen in einem Beet. Bitte beachten Sie: Nicht alle der hier vorgestellten Blumen eignen sich zum Verzehr!

Inspiration: **Urban Gardening**

Wer in der Stadt ins Grüne gehen möchte, geht in den nächsten Park. Auf Wegen schlendert man dort an kurzgeschorenen Rasenflächen, Parkbäumen und Zierpflanzen vorbei. Gemüsebeete sucht man hier vergeblich. Seit einigen Jahren ändert sich das und Städte engagieren sich für Urban-Gardening-Projekte.

Gemüse auf Brachflächen

Die Bewegung des Urban Gardenings oder der Community-Gärten entwickelte sich in den USA, besonders in der einstigen Millionenmetropole Detroit. Seit dem Niedergang der Automobilindustrie sind viele Einwohner arbeitslos geworden. Zudem hat die Stadt über die Hälfte ihrer Einwohner verloren. Jenseits der Kernstadt führen die Straßen durch verlassene Siedlungen und an leeren Fabrikgeländen vorbei. Seit Beginn der 1990er-Jahre entstanden auf Brachflächen aus der Not heraus und wegen einer desolaten Lebensmittelversorgung mehr und mehr Nutzgärten. Die Menschen, die nach dem wirtschaftlichen Niedergang in der Stadt geblieben sind, nutzen die Freiflächen zum Anbau von Gemüse und Obst. Sie tragen zur Versorgung der Bevölkerung mit frischen Lebensmitteln bei.

Die Gärten wurden von Kirchengemeinden, Studenten, Nachbarschaften oder Suppenküchen angelegt. Entweder nutzen die Beteiligten das Gemüse selbst, verkaufen es auf dem Markt oder beliefern Armenküchen. Die Community-Gärten geben Arbeitslosen eine sinnvolle Beschäftigung. Die Gärten wurden zum Treffpunkt der Nachbarschaft. Es gibt über 2 000 Community-Gärten in Detroit. Laut einer Studie der Michigan State University könnte Detroit mit Stadtgärten auf freien Grundstü-

Gärtner erobern die Großstädte. In Kisten und Säcken wird Gemüse angebaut.

cken 75 % ihres Gemüsebedarfs in der Stadt produzieren. Dazu beleben die Gärten die trostlosen Stadtquartiere, bieten Kontakt zur Natur und Naherholung, und bringen die Bewohner miteinander in Kontakt.

„Eine andere Welt ist pflanzbar", lautet das Motto der Initiativen städtischer Gemeinschaftsgärten.

Urban Gardening in Berlin

Der bekannteste urbane Garten in Berlin ist der Prinzessinnengarten, der von Marco Clausen und Robert Shaw 2009 gegründet wurde. Das etwa 6 000 m^3 große Gelände liegt auf einer ehemaligen Brache mitten in Berlin am Kreisel Moritzplatz/Prinzenstrasse. Mit dem Engagement vieler Helfer entstand in Kisten und Reissäcken eine urbane Grünfläche, auf der vor allem Gemüse angebaut wird. Den Machern geht es nicht nur um das Gärtnern. Sie sehen in ihrer Arbeit eine neue Form des Lebens in der Stadt. Der Garten ist offen, hier treffen sich die unterschiedlichsten Menschen. Nachbarn kommen, um sich im Grün zu erholen, einen Kaffee zu trinken, Touristen und Schulgruppen bevölkern den Garten. Es werden Workshops zu den unterschiedlichsten Themen angeboten.

Das Prinzip der Nachhaltigkeit ist den Machern im Garten wichtig. Da das Gemüse nicht direkt im Boden des Geländes angebaut werden kann, nutzt man Reissäcke oder Bäckerkisten als mobile Hochbeete. Ein Kompost wird bewirtschaftet, um Erde für die Pflanzen herzustellen. Es wird Re- und Upcycling betrieben, mit allem, was die Stadt hergibt. Das geerntete Gemüse wird verkauft oder im Café auf dem Gelände verarbeitet und die Gerichte an Besucher verkauft. Mit den Einnahmen werden die Material- und Personalkosten für den Garten finanziert. Der Garten ist ein Ort der Begegnung, die unterschiedlichsten Besucher kommen her zur Erholung, um sich zu treffen und um zu lernen. Die Stadtbewohner holen sich den städtischen Raum zurück und gestalten ihn selbst. Es ist sozusagen eine neue Stadtplanung „von unten". Seit 2007 leben mehr als die Hälfte der Menschen auf der Welt in Städten.

Megacities verschlingen mehr und mehr Boden, Flächen werden durch Straßen und Bebauung versiegelt. In Deutschland gibt es mittlerweile über 700 Urban-Gardening-Projekte mit vielen Facetten. In Generationengärten kommen Alt und Jung zusammen, wird Wissen weitergegeben. In interkulturellen Gärten gärtnern Menschen mit Migrationshintergrund gemeinsam, bauen Gemüse aus ihren Heimatländern an und kochen zusammen. Das alles zusammen schafft ein neues Bewusstsein für unsere Ernährung und unsere Umwelt.

Gemüse und Blumen anpflanzen geht auch ohne Gartenbeet.

Berglauch – der Späte

Allium senescens ssp. montanum

Seine Blütenfarbe erinnert an Schnittlauch, aber der Berglauch blüht später. So bietet er eine willkommene Ergänzung an späten Allium-Blüten. Mit seiner geringen Höhe von 30 cm eignet er sich für die Pflanzung von Einfassungen. Seine fleischigen Wurzeln und das dichte Blattwerk halten die Erde gut fest. Im Winter sterben die Blätter ab, der Austrieb erfolgt aber schon früh ab Februar. In der Sonne sind seine Blätter bläulich bereift, im Schatten bleiben sie grüner. Berglauch blüht auch im Schatten, aber weniger üppig. Die rosa Blüten stehen in halbkugeligen Dolden zusammen und halten recht lange. Sie werden gern von Insekten besucht, die im August/September nicht mehr so viele Blüten finden. Die Samenstände stehen bis September auf den Pflanzen. Blätter und Blüten der heimischen Lauchart sind essbar, aber wir sollten sie den Insekten überlassen.

KURZ & BÜNDIG

Pflanzenhöhe: 20 bis 30 cm
Säen: Teilstücke oder Jungpflanzen kaufen
Pflanzen: im Abstand von 20 × 20 cm, Ende März
Pflegen: dichtere Nester teilen
Boden: humoser Sand, Lehm
Nährstoffbedarf: gering
Zeit im Beet: mehrjährig, winterhart
Ernten: Blätter schneiden von Mai bis September
Genießen: leichte Zwiebelwürze für Butterbrot und Quark, Insektenpflanze

Schicke Kollegen

'Millenium': Neuzüchtung aus USA, blühfreudig, in Sonne bis Halbschatten

In Szene gesetzt

- Schon ab Mai bildet der Berglauch mit seinen blaugrünen Blättern eine dichte Beeteinfassung. Ab August schmückt er sich mit rosa Blütendolden.
- An sonnigen Standorten in durchlässiger Erde vermehrt sich der Lauch, ohne zu wuchern. Die Pflanzen lassen sich nach einigen Jahren, wenn sie zu breit gewachsen sind, durch Teilung vermehren.
- Als niedrige Einfassung passt der Lauch zu Beeten mit starken Pflanzen wie Mangold, Grünkohl oder Kopfkohl. Rosa Ziertabak und Perilla mit bordeauxroten Blättern passen für eine Kombination Ton-in-Ton dazu.

Berglauch bildet dichte Ränder, ohne zu wuchern. Er ist essbar, aber man muss ja nicht alles auf den Teller bringen.

Dahlien – beste Partner

Dahlia × hybrida

Georginen, wie sie auch genannt werden, sind typische Bauerngartenpflanzen. Um Farbe in den Kombigarten zu bringen, sind Dahlien die besten Partner. Sie performen mit ihren farbstarken Blüten von Juni bis zum Frost. Die Auswahl an Blütenfarben, Blütenformen und Pflanzenhöhe ist riesig, sodass sich für alle Gemüseblattfarben geeignete Sorten finden. An ihrer Blütenform teilt man die Dahlien in 15 verschiedene Gruppen ein. Es gibt einfach blühende Sorten, die interessant sind für Insekten, während die stark gefüllten Pompon- oder Kaktus-Dahlien nur für unsere Augen schön sind. Manche Sorten sind allein mit ihren dunklen Blättern dekorativ. Um die Blütezeit zu verlängern, schneiden Sie Abgeblühtes zurück – desto mehr neue Blütenknospen werden gebildet. Wenn der erste Frost die Dahlienblätter erwischt hat, holen Sie die Knollen aus der Erde und lagern sie trocken in Kisten ein.

KURZ & BÜNDIG

Pflanzenhöhe: 30 bis 180 cm
Säen: Knollen setzen
Pflanzen: im Abstand von 60 × 60 cm, Ende Mai/Anfang Juni
Pflegen: Verblühtes ausschneiden, bei Trockenheit gießen
Boden: humoser Sand, Lehm
Nährstoffbedarf: mittel
Zeit im Beet: Mai bis Ende Oktober, beim ersten Frost Knollen ausgraben
Ernten: Blüten für Sträuße, Knollen mit der Grabegabel ausgraben, Lagerung trocken über 4 °C
Genießen: als Strauß in der Vase, Speicherknollen bestimmter Sorten gebraten essbar

Schicke Kollegen

'American Dawn': 100 bis 120 cm, Laubblätter grün, Blüten kräftig apricot- bis korallenrosa, Gruppe dekorative Dahlien
'Bishop of Auckland': 100 bis 120 cm, dunkle Laubblätter, Blüte samtrot, einfach, päonienblütige Dahlie, für Insekten
'Mirella': 80 bis 90 cm, grüne Laubblätter, Blüten fröhlich orangegelb, Pompondahlie
'Taxidriver': 30 cm hoch, dunkle Laubblätter, gelbe einfache Blüten mit dunkler Mitte, für Insekten, für Topfkultur

In Szene gesetzt

- Die niedrigen Baby- und Zwergdahlien werden nur 30 bis 50 cm hoch. Sie können ihr Farbenfeuerwerk im Beetvordergrund versprühen. Sie eignen sich für Töpfe und Kübel.
- Die hohen Dahliensorten, die zwischen 80 bis 100 cm hoch werden, oder die riesigen „Heckendahlien", die 2 m erreichen, stehen im Beethintergrund. Ihre knalligen Blütenfarben ziehen das Auge in die Ferne.
- Dahlien passen zu hohen Tomatenpflanzen, beschatten den Fuß der Stangenbohnen und sind gute Vermittler zwischen niedrigen Beeten und hohen Rankgerüsten.

Die Qual der Wahl: Dahlien bieten eine große Palette an Blütenfarben, genauso spannend sind ihre Blütenformen.

Duftblatt-Geranie – zum Streicheln

Pelargonium ssp.

Eigentlich müssten sie korrekt Duft-Pelargonien heißen, aber wir reden auch bei den Balkon-Kandidaten immer von Geranien. Bei den Duft-Geranien sind nicht die Blüten die Hauptattraktion, sondern ihre aromatisch duftenden Blätter. Man muss die Pflanzen berühren, die Blätter reiben, die Nase in die Pflanzen stecken. Jede Sorte riecht anders, nach Apfel, Zitrus, Minze, Baumharz. Krause Blätter, solche mit weißbunten Blättern oder Blätter mit dunkelbrauner Zeichnung machen die Pflanzen auch ohne Blüten attraktiv. In der Sonne schenken sie uns im Sommer reichlich ihrer kleinen, hübschen Geranienblüten. Die meisten Sorten blühen in rosa Farbtönen, mit dunkelroten Adern auf den Blütenblättern.

KURZ & BÜNDIG

Pflanzenhöhe: 30 bis 60 cm
Säen: Stecklinge bewurzeln in Wasser oder Erde, Jungpflanzen kaufen
Pflanzen: im Abstand von 40 × 40 cm, Ende Mai/Anfang Juni, in Töpfen und Kübeln
Pflegen: Rückschnitt, wenn zu sparrig, Erde nicht zu feucht halten
Boden: humoser Sand, Lehm, Kübelpflanzenerde
Nährstoffbedarf: mittel
Zeit im Beet: Mai bis Ende Oktober, vor dem Frost einräumen
Ernten: Blätter ernten nach Bedarf
Genießen: für Duftschalen, Parfüms, Zitrus-Aromen für Salate, Süßspeisen, Gebäck

Schicke Kollegen

'Attar of Roses': Blüten rosa mit dunkler Aderung, Blätter behaart, mit Rosenduft, wurde zur Herstellung von Duftöl verwendet
'Chocolate Peppermint': Blätter ahornblättrig geteilt, grün mit schokoladenbrauner Zeichnung, Duft nach Minze, kleine rosa Blüten
'Prince of Oranges': relativ große rosa Einzelblüten, kleine Blätter mit Orangenduft
'Royal Oak': Blätter fest und gekraust, mit harzigem Duft, rosa Blüten zu mehreren am Stiel, mit dunkler Aderung und Flecken

In Szene gesetzt

- Pflanzen Sie ein Potpourri an Duftblatt-Geranien in Töpfe und platzieren Sie diese an Eckpunkten der Gartenwege. Die Pflanzen laden zum Streicheln ein, wenn man daran vorbeigeht.
- Wenn Sie einen Favoriten haben, bepflanzen Sie mehrere Töpfe mit der gleichen Sorte. Vorsicht: Suchtgefahr und Sammelleidenschaft!
- Den Sommer über können Sie die Pflanzen auch ins Beet pflanzen. Gesellen Sie die Duftblattgeranien zu Kräutern wie Lavendel und Salbei oder zu sonnenliebenden Gemüse wie Artischocken, Auberginen oder Amaranth.

Ihre Blüten sind nicht so spektakulär wie die der Sommergeranien, bei ihnen zählt der Duft der Blätter.

Duftwicke – die Romantische

Lathyrus odoratus

Sie sind der Inbegriff von Romantik im ländlichen Garten. Mit ihren pastelligen Blütenfarben und ihrem typischen Duft bezaubern sie im sommerlichen Garten. Die Pflanzen wachsen ähnlich wie Erbsen, halten sich mit feinen Blattranken an Drahtzäunen und Gittern fest. Dort erreichen sie eine Wuchshöhe von 150 bis 250 cm. So erblühen die Wicken auf Augen- und Nasenhöhe. Es gibt auch Zwergsorten, die nur 30 bis 40 cm hoch werden. Sie machen sich als blühende Beeteinfassung nützlich. Das Spektrum an Blütenfarben reicht von cremeweiß über charmante Rosatöne, Erdbeerrot, Magenta bis zu Lavendelblau. Dazu gibt es zweifarbige Blüten oder Blüten mit zarten Farbstreifen. Die langstieligen Blüten sind wie dafür gemacht, sie für die Vase zu schneiden. Die erbsenähnlichen Samenhülsen sind im Spätsommer auch ein Schmuck an den Pflanzen.

KURZ & BÜNDIG

Pflanzenhöhe: 40 bis 200 cm
Säen: Samen vorquellen, ab Mitte April ins Beet, 4 bis 5 cm tief
Pflanzen: im Abstand von 20 × 40 cm, Mitte April/Anfang Mai, Triebspitzen auskneifen fördert Verzweigung
Pflegen: Blüten schneiden fördert weitere Blütenbildung
Boden: humoser Sand, Lehm
Nährstoffbedarf: gering, bilden Knöllchenbakterien
Zeit im Beet: Mai bis Ende Oktober
Ernten: Blütenstiele für die Vase
Genießen: als Strauß in der Vase, starker Duft
› Nicht essbar

Schicke Kollegen

'Cupani': zweifarbige Blüten rotviolett und blauviolett, kleine, aber zahlreiche Blüten, starker Duft, rankt bis 200 cm hoch
'Cupid Pink': zweifarbige Blüten in Rosa-weiß, 40 cm hohe Zwergwicke, guter Duft, für Töpfe und Hanging Baskets, als Beet-Einfassung
'Royal Blue': große Blüten in jeansblau, frühblühend, Duft mittelstark, lange Stiele für die Vase, bis 200 cm hoch
'Strawberry Sundae': Farbmischung von Cremeweiß, Rosa bis Erdbeerrot, große Blüten, starker Duft, bis 200 cm hoch

In Szene gesetzt

- Lassen Sie vor der Aussaat die harten Samen auf feuchtem Küchenpapier vorquellen, so keimen sie bei direkter Aussaat zügiger. Säen Sie 4 bis 5 cm tief an sonnigen Standorten an Drahtzäune, Rankgitter oder dekorative Obelisken.
- Schöner kann ein Sichtschutz nicht blühen und duften! Ob Garagenwände oder schnöde Sichtschutz-Palisaden, mit Duftwicken wird alles blumiger.
- Duftwicken bringen Höhe in den Kombigarten. Sie können damit Sichtachsen unterbrechen, Beete diagonal teilen.

Von langgestielten Duftwicken können Sie Sommersträuße pflücken. Sie parfümieren ein ganzes Zimmer.

Gräser – die Haarigen

Verschiedene Arten

Wer pflanzt sich schon freiwillig Gräser in den Garten, das ist doch Unkraut! Es gibt aber unter den einjährigen Ziergräsern einige Arte mit dekorativen Ähren und Samenständen. Die Mähnengerste wird nur 50 cm hoch und bringt mit ihren lang begrannten Ähren, die sich zwischen den Pflanzen im Wind wiegen, Bewegung ins Beet. Grün in Grün dient sie als Strukturpflanze und beruhigt das Auge bei vielen bunten Blumen drumherum. Die verschiedenen Hirse-Arten bringen es auf 1,50 bis über 2 m Wuchshöhe. Sie bilden während der Sommermonate einen Sichtschutz, halten sich im Hintergrund oder fungieren als Raumteiler in großen Beeten. Von einigen Arten gibt es Sorten mit braunrot gefärbten Blättern und Samenständen. Die Ähren und Rispen eignen sich zum Trocknen. Im Herbst können Sie damit und anderen Herbstfrüchten Sträußen binden oder ihren Gartenvögeln einen getrockneten Strauß als Körnerfutter servieren.

KURZ & BÜNDIG

Pflanzenhöhe: 30 bis 200 cm
Säen: Vorkultur im Haus ab Ende März, im Beet ab Mitte Mai
Pflanzen: hohe Arten im Abstand von 30 × 30 cm, Ende Mai/Anfang Juni
Pflegen: vor Vögeln schützen, an warmen Gartenplätzen
Boden: humoser Sand, Lehm, Ton
Nährstoffbedarf: gering bis mittel
Zeit im Beet: Mai bis Ende Oktober
Ernten: Samenstände
Genießen: für Trockensträuße, Samenstände im Herbst und Winter als Vogelfutter
› Nicht essbar

Schicke Kollegen

Hasenschwanzgras (*Lagurus ovatus*): kurze weiche Ähren wie ein Hasenschwänzchen, 30 bis 50 cm hoch, für Topfkultur geeignet
Kolbenhirse (*Setaria italica*): grüne Blütenähren fuchsschwanzartig überhängend, 40 bis 100 cm hoch
Mähnengerste (*Hordeum jubatum*): lange silbrige Grannen, im Herbst rosa überhaucht, 30 bis 50 cm hoch
Lampenputzergras (*Pennisetum glaucum*): 'Purple Majesty' mit braunroten Blättern und Ähren, aufrecht, 100 bis 120 cm hoch

In Szene gesetzt

- Die einjährigen Gräser bieten eine interessante Struktur durch ihre Wuchsform und ihre sehr unterschiedlichen Samenstände. Je nach Verwendungszweck finden sie Arten mit passender Wuchshöhe zwischen 50 und 200 cm.
- Pflanzen Sie Kontraste und kombinieren wogende Gräser neben großen flächigen Kohlblättern.
- Arten, die 30 bis 80 cm hoch werden, umwogen die Sommerblumen wie Ringelblumen, Kosmeen, Tagetes und Zinnien und fördern durch ihre grünen schmalen Blätter deren Farbwirkung.

Gräser gehören in jeden Ziergarten. Ob einjährig oder Staude, sie umspielen vom Wind bewegt die blühenden Pflanzen.

Kapuzinerkresse – das Multitalent

Tropaeolum majus, T. minus

Sie zeigt südamerikanisches Temperament, mit üppig wachsenden Trieben und leuchtenden Blütenfarben bedeckt die Kapuzinerkresse schnell große Flächen. Das schafft sie sogar auf sandigen Böden mit wenig Dünger. Die Sorten mit fleischigen Ranken eignen sich als blühender Mulch, sie lassen sich um andere Pflanzen herumleiten, ohne sie zu überwachsen. Die buschig wachsenden Sorten pflanzt man in Gruppen und Reihen, ohne dass ihre Triebe auf Wanderschaft gehen. Die Blüten, wie große Zwergenmützen mit langem Sporn am Ende, leuchten in Gelb, Orange, Lachsrot, Karmesinrot, aber es geht auch gedeckter in Samtrot oder Cremegelb. Die schildförmigen Blätter sind ebenso dekorativ, je nach Sorte in Dunkelgrün mit Kupferfärbung oder weißgrün gefleckt. Flächen mit Kapuzinerkresse sehen immer adrett aus und blühen ununterbrochen. Die Pflanzen geben erst auf, wenn es im November den ersten Frost gibt.

KURZ & BÜNDIG

Pflanzenhöhe: 30 bis 40 cm
Säen: je 3 Samen pro Topf für Vorkultur bei 20 °C ab Ende März, direkt säen ab Mitte Mai
Pflanzen: im Abstand von 40 × 40 cm, Ende Mai/Anfang Juni
Pflegen: Pflanze ist frostempfindlich, erst nach draußen, wenn Nächte frostfrei sind
Boden: humoser Sand, Lehm, Ton
Nährstoffbedarf: gering
Zeit im Beet: Mai bis Ende Oktober
Ernten: Knospen, Blüten, Blätter, Samen
Genießen: Knospen und junge Samen wie Kapern einlegen, Blätter mit Kressearoma, wie Blüten für Salate und Quark

Schicke Kollegen

'Cream Troika': Blüten cremegelb mit dunkelroten Flecken, Blätter grün-weiß marmoriert, rankend
'Black Velvet': tiefrote, samtartige Blüten, Blätter grün, nicht rankend
'Orientzauber': orangerote Blüten, Blätter dunkelgrün mit Bronzefarbton, nicht rankend, kompakte Büsche
'Rankende Mischung': Blüten in Gelb; Orange und Rot, Blätter grün, rankend bis 3 m
'Vesuvius': lachsfarbige Blüten, dunkelgrünes Laub, nicht rankend

In Szene gesetzt

- Kapuzinerkresse sind die Retter, wenn es im Garten bei Neuanlagen oder nach Pflanzenausfällen offene Flächen gibt. Sie legen gerne ihren grünen und blühenden Schleier darüber.
- Wählen Sie aus den zahlreichen Blütenfarben Ton-in-Ton-Kombinationen oder die buntblühenden Mischungen, je nach Partnern im Beet.
- Kapuzinerkresse passt auf sonnigen Beeten zu kräftigen Salatköpfen und Mangold, umrankt die Füße der Tomatenpflanzen oder beschattet gerne den Fuß der Stangenbohnen.

Die Kapuzinerkresse als Multitalent: Von Blättern über Blütenknospen bis hin zu Blüten und jungen Früchten ist alles an ihr essbar.

Katzenminze – die Unverwüstliche

Nepeta × faassenii, N. racemosa

Wie Lavendel lieben Katzenminzen einen Standort in der Sonne auf trockenen, durchlässigen Böden. Die Dauerblüher öffnen unermüdlich neue ihrer kleinen blau-lila Lippenblüten. An ihren Lippen hängen zahlreiche Insekten und Schmetterlinge, die hier Nektar finden. Damit locken Sie Blütenbestäuber in den Gemüsegarten. Der Geruch der graugrünen kleinen Blättchen scheint für manche (Nachbars)-katzen unwiderstehlich, sie wälzen sich manchmal ausgiebig in den Stauden. Bei uns Menschen stößt der aromatische Geruch der Blätter auf geteiltes Echo, manche mögen ihn, manche mögen den eher harzigen, aber keinesfalls minzigen Geruch gar nicht. Die kompakten Sorten von *N. racemosa* eignen sich als dauerblühende Beeteinfassung. Auch die höheren Sorten wie 'Walkers Low' werden als Einfassung gepflanzt, benötigen aber mehr Platz.

KURZ & BÜNDIG

Säen: Jungpflanzen kaufen
Pflanzen: im Abstand von 30 × 30 cm bis 40 × 40 cm Ende März/ Anfang April
Pflegen: Rückschnitt nach der Blüte fördert Nachblüte bis September
Boden: humoser Sand, Lehm
Nährstoffbedarf: gering
Zeit im Beet: Staude, Wuchs mehrjährig
Ernten: Blattdufter
Genießen: würzig-zitroniger Blattduft, Insekten- und Schmetterlingspflanze
› Nicht essbar

Schicke Kollegen

'Gletschereis': kleine Blüten intensiv hellblau, 50 bis 60 cm hoch
'Walkers Low': Blüte blau-lila, lang andauernd, 70 bis 90 cm hoch
'Grog' (*N. racemosa*): Blüte blauviolett, kompakter Wuchs , zitroniger Blattduft, 25 bis 35 cm
'Superba' (*N. racemosa*): Blüten lila-blau, reich und lange blühend, kompakter Wuchs, Pflanzenhöhe: 30 bis 40 cm

In Szene gesetzt

› Nutzen Sie Katzenminze als blühende Beeteinfassung. Sie hält die Erde fest und wuchert nicht. Wird sie nach einigen Jahren zu breit, lassen sich die Stauden problemlos mit dem Spaten abstechen.
› Mit ihren kleinen Blättchen und filigranen Blütenständen sind die Pflanzen licht und durchlässig. Es sind angenehme Partner zu Gemüse, ohne die Pflanzen zu beschatten.
› Als Einfassung am Gartenweg neigen sich die Triebe in den Weg. Die gerade, scharf begrenzte Wegeführung erscheint so weicher und mehr in den Garten eingewachsen.

Die Blütenfarbe erinnert an Lavendel. Katzenminzen blühen früher und länger.

Kosmee – die Schwebende

Cosmos bipinnatus

Die auch als Schmuckkörbchen bekannte einjährige Sommerblume stammt aus Mexiko. Sie braucht offenen Boden, um zu keimen, daher passt sie gut in Beete mit Gemüse, wo immer ein Kommen und Gehen der Pflanzen herrscht. Die Pflanzen wachsen in den warmen Sommermonaten schnell, je nach Sorte bleiben sie kompakt nur 60 cm hoch oder werden über 1 m hoch. Sie sind dabei von filigraner Statue, ihre feinen Blätter erinnern an Dill. Die hohen, aber zarten Pflanzen lassen sich gut kombinieren, da sie andere Pflanzen nicht bedrängen oder beschatten. Auf den dünnen Blütenstängeln jonglieren die Kosmeen ihre tellerförmigen Blüten, die 8 bis 10 cm Durchmesser haben. Kosmeen blühen unermüdlich von Juli bis Oktober. Die großen Blüten schweben über den Beeten, wenn im Spätsommer nur noch wenige Einjährige blühen. Es gibt viele Sorten mit Blütenfarben zwischen Reinweiß, Rosa und Magentarot.

KURZ & BÜNDIG

Pflanzenhöhe: 60 bis 120 cm
Säen: im Haus Vorkultur ab Mitte März oder Direktsaat, ins Beet ab Ende April
Pflanzen: im Abstand 25 × 30 cm, Ende April/Anfang Mai
Pflegen: Verblühtes ausschneiden verlängert die Blütezeit
Boden: humoser Sand, Lehm
Nährstoffbedarf: gering
Zeit im Beet: Mai bis Ende Oktober, bis zum ersten Frost
Ernten: als langstielige Schnittblume
Genießen: Insekten- und Schmetterlingspflanze
› Nicht essbar

Schicke Kollegen

'Daydream': Blüten hellrosa mit dunklem inneren Ring, 120 cm hoch
'Sea Shells': Blütenblätter tütenförmig eingerollt, Blüten in Weiß, Rosa, Rottönen, 70 bis 100 cm hoch
'Rubenza': Blüten dunkel rubinrot bis samtrosa, kompakt 60 cm hoch, für Topfkultur geeignet
'Sonata White': Blüten weiß mit gelber Mitte, 70 cm hoch

In Szene gesetzt

- Wenn sich die Pflanzen selbst aussäen dürfen, entstehen wunderbare Zufallskombinationen, die Sie nicht besser hätten pflanzen können. Aussäen können Sie erst nach dem letzten Frost.
- Wählen Sie die hohen Sorten aus, die filigranen Pflanzen dürfen auch mal die Gemüsepflanzen überragen und die Größten im Beet sein.
- Gute Partner im sonnigen Beet sind Artischocken, Kohl, die Wurzelgemüse wie Schwarzwurzeln, Pastinaken, Möhren.

Den zarten Stängeln traut man nicht zu, dass sie so große Blüten balancieren.

Lavendel – der Duftige

Lavandula angustifolia

Für einen dekorativen Kombigarten gibt es nichts Besseres als eine Beetbegrenzung mit Lavendel als niedrige formale Einfassung. Der Klassiker sollte zu neuen Ehren kommen. Die winterharten immergrünen Halbsträucher tun über Jahrzehnte ihren Dienst. Kompakte Sorten werden zwischen 30 bis 40 cm hoch. Höhere Sorten mit 50 bis 70 cm benötigen mehr Platz, auch in der Breite. Die Pflege besteht in einem Rückschnitt nach der Blüte bis in die oberen Blatttriebe. Ansonsten ist Lavendel pflegeleicht. Im Sommer verbreitet er seine ätherischen Öle und duftet bei Berührung der Blätter und Blüten. Die meist blauen, blau-lila, selten rosa oder weißen Lippenblüten ziehen Bienen und andere Insekten an. An den blühenden Sträuchern brummt es richtig. Zum Trocknen schneiden Sie die Lavendelblüten mit ihren Blütenstielen ab, wenn sich die untersten Blüten geöffnet haben.

KURZ & BÜNDIG

Pflanzenhöhe: 30 bis 70 cm
Säen: Stecklinge bewurzeln in Erde, Jungpflanzen kaufen
Pflanzen: im Abstand von 50 × 50 cm, für Hecken enger 30 × 30 cm, Ende April/ Mitte Mai
Pflegen: Rückschnitt nach der Blüte
Boden: humoser Sand, Lehm, kalkliebend
Nährstoffbedarf: gering
Zeit im Beet: mehrjähriger Halbstrauch
Ernten: Blütenstiele zum Trocknen, Blätter
Genießen: Blüten und Blätter zum Aromatisieren von Zucker und Gebäck, Trockenblume, Insektenpflanze

Schicke Kollegen

'Hidcote Blue': Blüten dunkelviolett, kurze Blütenstiele, kompakter Wuchs, 30 bis 40 cm hoch
'Mailette': Blüten violett an langen Ähren auf langen Stielen, breitwüchsig, 60 bis 70 cm hoch
'Munstead': Blüten intensiv blau, früh, kompakt, mit 45 cm höher als 'Hidcote'
'Miss Katherine': Blüten kräftig rosa, wüchsig, 40 bis 60 cm hoch, spät blühend

In Szene gesetzt

- Pflanzen Sie niedrige blühende Lavendelhecken als Einfassung zur Begrenzung der Beete. Bei kleinen Flächen die kompakten Sorten bevorzugen, bei mehr Platz auch die größeren, die gerne den Wegrand umspielen.
- Einzelne Pflanzen oder kleine Gruppen von drei Pflanzen der höheren Sorten können Ecken betonen oder ein Hingucker in einem Sonnenbeet sein.
- Lavendelsträucher behalten im Winter ihre grauen Blätter. Als Einfassung gepflanzt geben sie im Winter dem kahlen Kombigarten eine Struktur.

Lavendelblüten in verschiedenen Blautönen sind der Inbegriff von Duft und Parfüm der französischen Provence.

Löwenmäulchen – das Zahme

Antirrhinum majus

Die Blüten haben so gar nichts löwenmäßig Gefährliches. Die Pflanze mit den schmalen Blättern und geraden Blütenähren sind weich behaart und angenehm anzufassen. Wir haben früher mit den Blüten gespielt, das Mäulchen öffnet sich, wenn man die Blüten seitlich drückt. Das Löwenmaul ist als Pflanze kaum zu bekommen, daher müssen Sie es selbst aussäen. Das Saatgut ist staubfein, günstig ist die Vorkultur in feiner Aussaaterde. Die jungen Pflanzen können Sie selbst an Ort und Stelle ins Beet setzen. Ein leichter Frost im Frühjahr oder Herbst schadet den Pflanzen nicht. Von Juni bis Oktober blühen die Löwenmäulchen ununterbrochen. Die Blüten öffnen sich von unten nach oben an den langen Blütenähren. Sie sitzen dicht an dicht zusammen, so verstärkt sich die Wirkung ihrer Blütenfarbe. Kerzengrade ragen sie zwischen anderen Pflanzen empor. Oft landen große Hummeln an den Blüten.

KURZ & BÜNDIG

Pflanzenhöhe: 30 bis 100 cm
Säen: staubfeine Samen in Erde, Vorkultur ab März, Direktsaat ab Mitte April
Pflanzen: im Abstand von 30 × 30 cm, Ende Mai/Anfang Juni
Pflegen: unkomplizierter Dauerblüher, verträgt Trockenheit
Boden: humoser Sand, Lehm, Ton
Nährstoffbedarf: gering
Zeit im Beet: April bis Ende November
Ernten: Schnittblume
Genießen: in frischen Blumensträußen
› Nicht essbar

Schicke Kollegen

'Appleblossom': Blüten zartrosa, große Einzelblüten, Höhe 90 cm, gut verzweigt
'Canary Bird': Blüten kanarienvogelgelb, große Einzelblüten, Höhe 90 cm
'Royal Red Crimson F1': Blüten samtrot, Höhe 60 cm, für Topfbepflanzung geeignet
'Sunset': bunte Mischung von Blütenfarben, Höhe 70 cm

In Szene gesetzt

- Je nach Verwendung, sollten Sie auf die Höhe der Pflanzen achten. Es gibt Zwergsorten mit 30 cm Höhe, halbhohe 50 cm oder Schnittsorten, die 70 bis 90 cm hoch werden.
- Die Zwergsorten pflanzen Sie am besten an den Rand der Beete in den Vordergrund, hohe Sorten als Reihe zwischen die Gemüsereihen.
- Sorten in nur einer Blütenfarbe beruhigen das Blütenbild. Die Blütenmischungen sind Farbknaller im Beet, können es aber auch unruhig machen. Die buntblühenden Sorten passen daher am besten zu Flächen mit grünem Blattgemüse.

Löwenmäulchen kennt mancher aus Omas Blumengarten.

Ringelblume – die Heilsame

Calendula officinalis

Sie zählen zu unseren ältesten Gartenblumen in Kloster- und Bauerngärten. Seit dem Mittelalter ist die Ringelblume als Heilpflanze bekannt. Sie ist anspruchslos und kommt mit jedem Gartenboden klar. Säen Sie die Samen direkt in einer Reihe ins Beet. Später können Sie die Pflanzen umsetzen. Ringelblumen blühen ab Juni ohne Pause bis zum Frost. Mit den langgestielten großen Blüten ist ein Sommerblumenstrauß schnell gepflückt. Die meisten Sorten blühen in knalligen Orange- und Gelbtönen. Es gibt Sorten mit cremeweißen oder rotorangenen Blüten, am beliebtesten bleiben die Farbmischungen. Die Korbblüten öffnen sich weit. Sie sind ideale Landeplätze für viele Insekten und Falter, wenn man keine gefüllt blühenden Sorten wählt. Die Blütenblätter sind essbar, sie färben Butter und Öle, bringen Farbe in den Salat. Ringelblume heißen sie wegen ihrer gekrümmten Samen, die Sie leicht sammeln können.

KURZ & BÜNDIG

Pflanzenhöhe: 30 bis 70 cm
Säen: ab Ende März ins Beet
Pflanzen: im Abstand von 30 × 30 cm, Anfang Mai
Pflegen: robust, pflegeleicht, keine besonderen Ansprüche
Boden: humoser Sand, Lehm, Ton
Nährstoffbedarf: mittel
Zeit im Beet: April bis Ende Oktober
Ernten: Blüten für Sträuße, Blütenblätter
Genießen: Blütenblätter essbar, für Salate, Butter, Öle, Heilpflanze, Sträuße, Insektenpflanze

Schicke Kollegen

'Fiestas Gitana': Mischung von Blütenfarben, gelb, orange, mit gelber und dunkler Mitte, Wuchs kompakt, 30 cm hoch
'Prinzess Schwarzorange': Blüte orange mit dunkler Mitte, 50 bis 60 cm hoch, mit langen Stielen
'Snow Princess': Blüte cremeweiß mit dunkler Mitte, Höhe 70 cm

In Szene gesetzt

- Ringelblumen sind ideale Pflanzen für Gartenstarter. Schon eine Tüte Saatgut macht den Garten blumig bunt.
- Die kompakten Sorten eignen sich als einjährige Einfassungspflanzen. Die hohen Sorten pflanzen Sie in Gruppen von drei bis fünf Pflanzen zusammen.
- Die höheren Sorten mit guter Verzweigung passen zwischen die Gemüsereihe. Es sind gute Mischkulturpartner für Salate, Kohlpflanzen, Kartoffeln oder Bohnen.

Ringelblumen müssen Sie einfach im Garten haben. Sie kommen mit jedem Gartenboden klar.

Sonnenblume – die Strahlende

Helianthus annuus

Mit ihrer imposanten Höhe von bis zu 4 m überragen Sonnenblumen alle Beete im Garten. Sie wachsen in nur vier Monaten aus einem Kern so hoch wie ein Baum. Gekrönt wird der Stiel von einem riesigen Blütenkorb, der bis zu 35 cm Durchmesser haben kann. Das sind schon mehrere Superlative. Die Pflanzen sind leicht aus Samen zu ziehen, benötigen einigermaßen nahrhaften Gartenboden und etwas Feuchtigkeit. Die großen Samen steckt man einzeln ab April in den Boden. Die sonnengelben Blütenkörbe öffnen sich ab Juli. Die stabilen Stängel tragen Einzelblüten oder verzweigen in viele kleinere Sonnenblüten. Neben den beliebtem Gelb gibt es Sorten mit samtroten oder orangebraunen Zungenblüten. Die Röhrenblüten in der Mitte können gelb oder kontrastreich dunkelbraun sein. Hier gibt es für Insekten den Blütenstaub abzustauben. Die reifen Samen locken Vögel in den Garten.

KURZ & BÜNDIG

Pflanzenhöhe: 40 bis 400 cm
Säen: Ende März bis Anfang Mai ins Beet, Tiefwurzler
Pflanzen: im Abstand von 40 × 40 cm, Ende April/Ende Mai
Pflegen: hohe Sorten mit Kompost düngen
Boden: humoser Sand, Lehm, Ton
Nährstoffbedarf: mittel
Zeit im Beet: April bis Ende November
Ernten: Schnittblume, Samen als Vogelfutter
Genießen: Blüten in der Vase, Sonnenblumenkerne als Snack essbar, Insekten und Vögel beim Fressen beobachten

Schicke Kollegen

'Farbenpracht': Mischung mit gelben, orangeroten Blütenfarben, klein- und mehrblütige Stiele, Höhe 180 cm
'Helios': gelb mit dunkler Mitte, große Einzelblütenkörbe, Höhe 150 cm
'Herbstschönheit': Mischung mit gelben und braunroten Blütenfarben, Höhe 200 cm
'Pacino': gelbe Blüten, verzweigte Blütenstiele, nur 40 cm hoch, für Topfkultur geeignet

In Szene gesetzt

- Platzieren Sie die Sonnenblumen wegen ihrer Höhe in den Gartenhintergrund. Sie können als einjähriger Sichtschutz oder Raumteiler fungieren.
- In Gruppen gepflanzt bilden die Riesen einen Blickfang im Garten. Im Herbst bedienen sich Distelfinken und andere Vögel an den Samenständen.
- Die niedrigen Zwergsorten, die nur 40 cm hoch werden, eignen sich für die Bepflanzung von Töpfen und Kübeln.

Ihr fliegen die Sympathien nur so zu, der hohen Sonnenblume mit ihrer leuchtend gelben Blütenscheibe.

Tagetes – die Dauerblüher

Tagetes tenuifolia, T. × patula, T. erecta

Studentenblumen werden sie auch genannt, nach den bunten Mützen, die die Studierenden früher trugen. Die große Anzahl an Sorten unterscheidet sich in der Höhe der Pflanzen und Größe ihrer Blüten. An Blütenfarben haben Tagetes knalliges Gelb, Orange und Rostrot zu bieten, teilweise als farbige Muster. Die kleinsten Blüten bilden die Zitronentagetes, sie erblühen umso zahlreicher. Ihr fiederartiges Laub schmeckt zitronig und wird zum Würzen von Salaten genutzt. Die zierlichen Pflanzen werden nur 30 cm hoch und sind ideale Einfassungspflanzen. Die *Tagetes-patula*-Sorten haben größere Blüten, manche Sorten mit zweifarbiger Zeichnung. Mit den größten Blütenbällen schmücken sich die hoch wachsenden *Tagetes-erecta*-Sorten. Ihre Blüten sind dicht gefüllt und bieten den Insekten leider kein Futter mehr. Die halbgefüllten und einfachen Blüten ziehen durch ihren Geruch viele Nachtfalter an.

KURZ & BÜNDIG

Pflanzenhöhe: 30 bis 90 cm
Säen: Vorkultur Ende März,
Pflanzen: im Abstand von 25 × 30 cm, Ende Mai/Anfang Juni
Pflegen: vertragen Trockenheit, vor Schnecken schützen
Boden: humoser Sand, Lehm, Ton
Nährstoffbedarf: mittel
Zeit im Beet: Mai bis Ende Oktober
Ernten: Blätter, Blüten
Genießen: Blätter der Zitronentagetes für Salat, Blüten für die Vase, Insektenpflanze
› Blüten nicht essbar

Schicke Kollegen

'Burning Embers': Blüten samtig orange, wie glühende Kohlen, Höhe 70 cm, reich verzweigt
'Luna Lemon': Zitronentagetes, Salatkraut, kleine gelbe Blüten, buschig, kugeliger Wuchs, reich verzweigt, Höhe 30 cm
'Mr. Majestic': Blüten sternförmig gelb-braun gezeichnet, Höhe 30 bis 40 cm
'Kee's Orange': Blüten orangerot, dicke gefüllte Blüten, Höhe 70 cm

In Szene gesetzt

- Die niedrigen Sorten eignen sich für die Pflanzung von schmalen Einfassungen, an Beeträndern im Vordergrund oder für flächige Pflanzungen.
- Setzen Sie hohe Tagetes zwischen die Gemüsereihen. Sie können auch etwas im Beethintergrund stehen. Ihre bunten Blüten ergänzen das Grün der Gemüsepflanzen.
- Tagetes sind dankbare Langzeitblüher, bis zum Frost erscheinen laufend neue Blüten. Alle Tagetes wirken positiv auf die Bodengesundheit, ihre Wurzelausscheidungen wirken gegen Fadenwürmer im Boden.

Von Tagetes gibt es nicht nur gefüllt blühende Sorten. Die offenen Blüten sind für Nachtfalter und andere Insekten viel interessanter.

Taglilie – die Essbare

Hemerocallis-Hybriden

Ihr Name täuscht, Taglilien sind keinesfalls Eintagsfliegen. Die einzelne Blüte hält wirklich nur einen Tag. Aber es öffnen sich ununterbrochen neue Knospen an den Pflanzen. So erstreckt sich die Blütezeit einer Pflanze über 3 bis 4 Wochen, die Kombination verschiedener Sorten verlängert die Blütezeit noch weiter. Die mehrjährigen Pflanzen bleiben für viele Jahre am gleichen Platz im Beet. Ungestört werden sie jedes Jahr größer und bilden mehr Blüten, eine Pflanze für gescheite faule Gärtner. Tausende von Sorten bieten ein riesiges Farbspektrum von Weiß, Creme, Rosa, Lachsrot, Rot bis Flieder, nur Blau gibt es nicht.

KURZ & BÜNDIG

Pflanzenhöhe: 30 bis 80 cm
Säen: Stecklinge bewurzeln in Wasser oder Erde, Jungpflanzen kaufen
Pflanzen: im Abstand von 80 × 80 cm, Anfang April/Anfang September
Pflegen: pflegeleicht, Standort von Teichrand bis trockenes Beet
Boden: humoser Sand, Lehm, Ton
Nährstoffbedarf: mittel
Zeit im Beet: Staude, mehrjährig
Ernten: aufgeblühte Blüten
Genießen: Blütenblätter essbar, im Salat, als Salatdeko, mit Joghurtdip

Dazu können Sie unter ungewöhnlichen Blütenformen wählen, von spinnenförmig bis gerüscht und gefüllt. Einige Sorten duften, die Blütenblätter sind essbar. Pflücken Sie die frisch aufgeblühten Blütenblätter für eine knackige Salatdeko.

Schicke Kollegen

'Ansgar': Blüten leuchtend rot, starkes Laub, bewährte Sorte
'Frans Hals': zweifarbige Sorte in Gelb und Orange, reichblühend, langstielig, starkwüchsig
'Morgenzauber': gelbe Blüte auf schlanken Stielen, kleinblumig, lange Blütezeit

In Szene gesetzt

- Taglilien passen als blühende Partner zu anderen mehrjährigen Pflanzen wie Rhabarber oder Spargel. Sie mischen mit ihren Blüten Farbe unter die Blattgemüse.
- Pflanzen Sie in großen Gärten Taglilien in Randbeete, die die Gemüsebeete umgeben. Die Taglilien bleiben für mehrere Jahre im Beet, so kommen sie den einjährigen Gemüsekulturen nicht in die Quere und die Blüten kann man trotzdem genießen.
- Niedrige, kleinblumige Sorten lassen sich im Kübel kultivieren. Sie setzen im Kombigarten an Wegepunkten Akzente.

Die Blütenblätter der Taglilien schmecken köstlich. Man traut sich nur nicht, die schönen Blüten zu pflücken.

Zinnien – bunte Knaller

Zinnia elegans

Die einjährige Sommerblume aus Mittelamerika liebt Sonne, Wärme und nährstoffreichen Boden. Das mögen Gemüsepflanzen und Blütenstauden als Partnern genauso gerne. Nach der Aussaat im Haus pflanzt man ab Ende Mai die Jungpflanzen nach draußen. Zinnien blühen ab Juli, aber dann unermüdlich bis Oktober. Ihre Blüten fallen durch die intensiven, leuchtstarken Farben auf. Das grandiose Farbspiel reicht bei gemischtblühenden Sorten von rein rot, rosa oder gelben Blüten bis zu Farbsorten mit einer Blütenfarbe. Mit der Auswahl einer Blütenfarbe können Sie diese auf die Gestaltung des Gartens und Pflanzungen nach Farbschemen abstimmen. Die meisten Sorten haben große offene, halbgefüllte oder gefüllte Blüten. Bei hohen Sorten werden die Stiele bis 80 cm lang. Die kräftigen Stiele halten für einen Strauß geschnitten länger als 10 Tage in der Vase.

KURZ & BÜNDIG

Pflanzenhöhe: 30 bis 80 cm
Säen: Vorkultur im Haus ab Anfang April
Pflanzen: im Abstand von 25 × 30 cm, Mitte Mai/Ende Mai
Pflegen: tolerieren trockenen Boden, Verblühtes ausschneiden
Boden: humoser Sand, Lehm
Nährstoffbedarf: mittel
Zeit im Beet: Mai bis Ende Oktober
Ernten: Schnittblume
Genießen: im Blumenstrauß, Insektenpflanze
› Nicht essbar

Schicke Kollegen

'Liliput Mix': Farbmix von Cremeweiß, Orange, Rot, Rosa, Blüten pomponartig rund, 50 cm hoch
'Giant Burgund': Blüten weinrot, große dahlienähnliche Blüten, 80 cm hoch
'Purpe Prince': Blüten neonpink, groß, halbgefüllt, 80 cm hoch
'Red Spider': Blüten karminrot, zierlich, mit Wildcharakter, einzelne aufrechte Stiele, 75 cm hoch

In Szene gesetzt

- Pflanzen Sie die Zinnien in Gruppen von fünf bis zehn Pflanzen, das sieht natürlicher aus als eine schnurgerade Reihe.
- Einmal ausgepflanzt und angewachsen überstehen Zinnien auch Trockenheit ganz gut.
- Mit ihrem schmalen aufrechten, kaum verzweigten Wuchs sind Zinnien gute Partner für Salate, Mangold, blaugrünem Porree und Grünkohl.

Wenn Sie südamerikanische Rhythmen lieben, säen Sie Zinnien aus. Nicht umsonst lautet ihr Artname *elegans*.

Service

Hier finden Sie viele interessante Tipps rund um das Thema Kombi- und Küchengärten.

Zum Weiterlesen

- Anthes, Daniel/Katharina Schulenburg: **Weil wir Essen lieben. Vom achtsamen Umgang mit Lebensmitteln.** oekom 2018
- Bauwens, Peter: **Der perfekte Küchengarten.** LV-Buch im Landwirtschaftsverlag Münster, 2016
- Boomgaarden, Heike: **Essbare Stadt Andernach.** Verlag Eugen Ulmer 2016
- Bross-Burkhardt, Brunhilde: **Das Boden Buch. Grundlagen und Tipps für den naturnahen Gartenboden.** Haupt 2017
- Coirazza, Adelheid: **Tomaten**. 200 Sortenempfehlungen aus aller Welt. Formosa 2013
- Jünger, Wiebke: **Stadtgrün statt grau. 61 DIY Projekte fürs Urban Gardening.** Verlag Eugen Ulmer 2015
- Klaphake, Ute/Karin Lüdemann/Dierk Jensen: **Reichtum ernten.** Kosmos 2009
- Künast, Renate mit Victoria Wegner: **Rein ins Grüne – Raus in die Stadt. Eine Reise durch urbane Gärten.** Callwey 2019
- Langheineken, Jutta/Schwester Christa Weinrich (OSB): **Schwester Christas Mischkultur.** Verlag Eugen Ulmer 2016
- Lorey, Heidi: **Liebesapfel, Mangold & Rapunzel. Gemüse für Garten und Küche wiederentdeckt.** Landwirtschaftsverlag Münster 2005
- Lorey, Heidi: **Gemüse und Blumen aus eigenem Saatgut.** Verlag Eugen Ulmer 2017
- Lorey, Heidi: **Kartoffelliebe. Pflanzen, ernten, Sortenvielfalt genießen.** Verlag Eugen Ulmer 2019
- Lorey, Heidi 2020: **Wintergemüse. Frische Ernte in der kalten Jahreszeit.** Verlag Eugen Ulmer 2020
- Müller, Christa: **Urban Gardening. Über die Rückkehr der Gärten in die Stadt.** oekom 2011
- Oftring, Bärbel: **Double-use-Gärtnern. 100 Gartenpflanzen mit Mehrfachnutzen.** Haupt 2017
- Rasche, Jan/Jan und Timo Riering: **Chili & Paprika.** Formosa 2014
- Reinhard, Ursula/Ute Klaphake: **Gemüseschätze: selbst anbauen & genießen.** Kosmos 2015
- Schumann, Katrin: **Mein Traum vom Küchengarten. Die etwas andere Art zu gärtnern.** Best-off-Verlag 2015
- Schwender, Elke/Katharina Duraj: **Zum Nützlichen das Schöne. Gärten in Nordwestdeutschland.** Aschendorff Verlag 2019
- Serena, Marianna/Michael Suanjak, Franca Pedrazzetti, Beat Brechbühl: **Das Lexikon der alten Gemüsesorten.** AT Verlag 2014
- Stierand, Philipp: Speiseräume. **Die Ernährungswende beginnt in der Stadt.** oekom 2014
- Wimmer, Clemens Alexander: **Hippe, Krail und Rasenpatsche. Zur Geschichte der Gartengeräte.** VDG 2012

Adressen & Bezugsquellen

- **Arche Noah**, Gesellschaft zur Erhaltung und Verbreitung der Kulturpflanzenvielfalt, Österreich, www.arche-noah.at
- **Bingenheimer Saatgut AG**, Kronstraße 24–26, D-61209 Echzell-Bingenheim, Tel.: 06035 1899-0, www.bingenheimersaatgut.de, Katalog, Gemüsesamen
- **Bioland Hof Jeebel**, Jeebel 17, D-29410 Salzwedel, Tel.: 039037 781, www.biogartenersand.de, Gemüse- und Kräutersaatgut, Jungpflanzen, Pflanzkartoffelsortiment
- **Biosaatgut Gaby Krautkrämer**, Weingartenstraße 58, D-97252 Frickenhausen am Main, Tel.: 09331 9894200, www.bio-saatgut.de, Gemüsesaatgut aus biologischem Anbau
- **Deaflora Aromagärtnerei**, Andrea Hellmich, Dr.-Wolff-Straße 6, D-14542 Werder/Havel OT Glindow, Tel.: 03327 571519, www.deaflora.de, Saatgut und Pflanzen
- **Dreschflegel**, In der Aue 31, D-37213 Witzenhausen, Tel.: 05542 502744, www.dreschflegel-saatgut.de, Gemüse-, Kräuter- und Blumensamen, Katalog, Schaugarten
- **Dürr Samen**, Bayernstraße 24, D-72768 Reutlingen, Tel.: 07121 63799, www.duerr-samen.de, Gemüse- und Blumensamen
- **Gärtnerei Dieter Haas**, Obere Leberklinge 60, D-97877 Wertheim, Tel.: 09342 856580, www.gaertnerei-haas.com, Sorten von Paprika, Chili und Tomaten
- **Genbänkle**, Netzwerk für Sortenretter und -erhalter der Nutzpflanzenvielfalt mit Schwerpunkt Baden-Württemberg, www.genbaenkle.de
- **Jansensamen**, Van Leeuwenhoekweg 6, NL-7102 EJ Winterswijk, Niederlande, Tel.: 0031 315 651235, www.jansensamen.de, Gemüsesaatgut, besonders Kürbisvielfalt
- **Keimzeit Saatgut-Fachversand**, Tanja Beddies, Hainholzweg 3, D-21358 Mechtersen, Tel.: 04178 8189950, www.keimzeit-saatgut.de, Saatgut von Sommerblumen und Kletterpflanzen
- **ProSpecie Rara Deutschland GmbH**, Kartäuserstraße 49, D-79102 Freiburg, Tel.: 0761 59390007, www.prospecierara.de, für die Erhaltung der kulturhistorischen und genetischen Vielfalt von Pflanzen und Tieren
- **Rühlemanns, Kräuter- und Duftpflanzen**, Auf dem Berg 2, D-27367 Horstedt, www.kraeuter-und-duftpflanzen.de, Duftpflanzen, Kräuter, Katalog
- **Samenfest, Patrick Bilharz**, Erica-Sinauer-Straße 10, D-79111 Freiburg, Tel.: 0761 2142812, www.samenfest.de, Saatgut von Gemüse
- **Stochay Italienische Samen**, Amsterdamer Straße 230, D-50735 Köln, www.italienische-samen.de
- **Syringa Duftpflanzen und Kräuter**, Bernd Dittrich, Bachstraße 7, D-78247 Hilzingen-Binningen, Tel.: 07739 1452, www.syringa-pflanzen.de, Duftpflanzen, Kräuter, Katalog
- **VEN, Verein zur Erhaltung der Nutzpflanzenvielfalt**, www.nutzpflanzenvielfalt.de, Infos zur Sortenerhaltung, Veranstaltungen, Saatgut
- **VERN e. V., Verein zur Erhaltung und Rekultivierung von Nutzpflanzen in Brandenburg**, Burgstraße 20, D-16278 Greffenberg/Uckermark, Tel.: 033334 70232, www.vern.de, Katalog, Saatgut, Schaugärten

Schaugärten

- **Andernach – Die Essbare Stadt**, 56626 Andernach, Stadtrundgang, Beete mit Gemüse, Obstbäume, Stauden, www.andernach.de, www.andernach-tourismus.de, Themenführungen
- **Arche Noah-Schaugerten Schloss Schiltern**, Obere Str. 40, A-3553 Schiltern, Niederösterreich, www.arche-noah.at, Schaugarten mit Kulturpflanzen von der Aussaat bis zur Samenernte, Führungen, Seminare
- **Dreschflegel-Schaugarten** in 37318 Schönhagen, Dorfstr. 12, www.schaugarten.kuhmuhne.de, Gemüse, Kräuter und Blumen, Führungen, Seminare
- **De Boschhoeve**, Dineke Logdenberg, Boshoeve 3, 6874 NB Wolfheze (bei Arnheim), Tel.: 0031 026 4821231, www.boshhoeve.nl, großer Küchengarten mit Gemüsebepflanzung und Sommerblumen, verschiedene Aktionstage im Jahr
- **Freilichtmuseum Detmold**, Krummes Haus, 32760 Detmold, Tel.: 05231 7060, geöffnet 1.4. bis 31.10., montags geschlossen, historische Gärten mit Gemüse- und Blumenbepflanzung
- **LVR Freilichtmuseum Lindlar**, 51789 Lindlar, Tel.: 022669010 0, www.freilichtmuseum-lindlar.lvr.de, geöffnet 1.4. bis 31.10. 10–18 Uhr, 1.11. bis 28.2. 10–16 Uhr; montags geschlossen, historische Gärten mit Gemüse- und Blumenbepflanzung, Garten- und Kräuterführungen
- **Samengarten in Eichstetten**, Altweg 29, 79356 Eichstetten am Kaiserstuhl, www.kaiserstuehler-garten.de, Tel.: 07663 932313, Gemüse, Kräuter und Wildpflanzen, Gartenführungen in der Saison
- **Villa Augustus**, Oranjelaan 7, NL-3311 DH Dordrecht, www.villa-augustus.nl, dekorativer Küchengarten, Restaurant, Marktladen, Hotel
- **Weihenstephaner Gemüse-Kleingarten**, Am Staudengarten 14, 85350 Freising, Gemüsegarten, Neuheiten und Anbauversuche

Die Autorin

Heidi Lorey ist Gartenbauingenieurin und schwärmt für selbst angebautes Gemüse. In ihren Gärten in Steinhagen wachsen Gemüse und Blumen friedlich miteinander. Die Begeisterung für diese Art des Kombigartens gibt sie in Praxisseminaren weiter und schreibt seit über 20 Jahren als Journalistin für zahlreiche Zeitungen und grüne Magazine. www.hlorey.de

Dank

Mein Dank gilt dem Verlag Eugen Ulmer, der für dieses Thema offen war, und dem professionellen Projektmanagement von Carolin Witte vom Verlag und Alessandra Kreibaum für das umsichtige Lektorat. Besonders herzlich bedanken möchte ich mich bei Dineke Logtenberg, deren Küchengarten De Boschhoeve in Wolfheze /NL ich über Jahre besuchen und fotografieren durfte. Ihre Begeisterung für hübsche Gemüsesorten und Blumen ist ansteckend. Die Gespräche mit ihr und anderen Gemüsegartenbesitzern über dekorative Gemüsesorten und immer neue Planungen für essbare Gärten haben das Thema reifen lassen.

BILDQUELLEN

Titelfoto: Marion Nickig
Alle anderen Fotos stammen von **Heidi Lorey**, außer:
FotoVisionen Jürgen Krämer: S. 189
Heike Rau / Shutterstock.com: S. 120
Lorey, Heinrich: S. 40
mauritius images: S. 58 rechts, 139, 152, 153
Nnattalli / Shutterstock.com: S. 145
Stanke, Daniel: S. 46, 47
van Wendel de Joode, Ries: S. 84, 85
Die Icons und Pflanzpläne fertigte **Susanne Dinkel** nach Vorlagen der Autorin an.

Schnell nachgeschlagen

Impressum

Die in diesem Buch enthaltenen Empfehlungen und Angaben sind von der Autorin mit größter Sorgfalt zusammengestellt und geprüft worden. Eine Garantie für die Richtigkeit der Angaben kann aber nicht gegeben werden. Autorin und Verlag übernehmen keine Haftung für Schäden und Unfälle. Bitte setzen Sie bei der Anwendung der in diesem Buch enthaltenen Empfehlungen Ihr persönliches Urteilsvermögen ein.

Der Verlag Eugen Ulmer ist nicht verantwortlich für die Inhalte der im Buch genannten Websites.

Bibliografische Information der Deutschen Nationalbibliothek
Die Deutsche Nationalbibliothek verzeichnet diese Publikation in der Deutschen Nationalbibliografie; detaillierte bibliografische Daten sind im Internet über http://dnb.d-nb.de abrufbar.

Das Werk einschließlich aller seiner Teile ist urheberrechtlich geschützt. Jede Verwertung außerhalb der engen Grenzen des Urheberrechtsgesetzes ist ohne Zustimmung des Verlages unzulässig und strafbar. Das gilt insbesondere für Vervielfältigungen, Übersetzungen, Mikroverfilmungen und die Einspeicherung und Verarbeitung in elektronischen Systemen.

© 2021 Eugen Ulmer KG
Wollgrasweg 41, 70599 Stuttgart (Hohenheim)
E-Mail: info@ulmer.de
Internet: www.ulmer.de
Projektleitung: Carolin Witte
Konzept: Christine Hutschenreuther
Lektorat: Alessandra Kreibaum
Herstellung: Silke Reuter
Umschlaggestaltung: Antje Warnecke, nordendesign
Umschlagklappen: Anette Vogt, red.sign, Stuttgart
Layout und Satz: Susanne Junker, red.sign, Stuttgart
Reproduktion: timeRay Visualisierungen, Jettingen
Druck und Bindung: Westermann Druck, Zwickau
Printed in Germany

ISBN 978-3-8186-1274-0